原爆の悲劇に国境はない

被爆者・森 重昭 調査と慰霊の半生

語り 森 重昭
森 佳代子
朝日新聞編集委員 副島英樹 編

朝日新聞出版

原爆の悲劇に国境はない

被爆者・森　重昭　調査と慰霊の半生

原爆の悲劇に国境はない　目次

装幀　弾デザイン事務所
写真　朝日新聞社

プロローグ

1945年8月6日、米軍が広島に原爆を投下した。その年だけで約14万人が犠牲になったとされる。被爆死した人々の中には、12人の米兵捕虜たちもいた。そうした事実を手弁当で調べ上げ、遺族に知らせ、追悼平和祈念館に登録し、慰霊を重ねてきたのが、在野の歴史研究家で被爆者の森重昭氏（86）である。

2016年5月27日、現職の米国大統領として初めて広島を訪れたバラク・オバマ氏に抱き寄せられた姿が世界に配信され、「時の人」となった。だが、半世紀にも及んできた森氏の取り組みは、今も続いている。

穏やかな春の日差しに包まれた2023年3月18日午後、森氏は広島平和記念公園にいた。両杖をつきながら、米国のジョージア工科大学で建築学を専攻する大学院生ら11人を案内した。原爆死没者慰霊碑、国立広島原爆死没者追悼平和祈念館、原爆供養塔を巡り、原爆ドームを背景に全員で記念撮影した後、平和記念資料館に赴いた。同館地下1階の会議室で、森氏は通訳を介して、ジョージア工科大学の一行への講話に臨んだ。

原爆はまさに死に神

今からお話をしますことは、今より77年も前の話でございます。原爆で亡くなった米兵捕虜の話を中心にいたしますので、そのつもりでお聞きいただきたいと思います。

今からお話ししますことは、間違ってはいけないので、全部手書き致しました。それに従って話をしますので、そのつもりで聞いていただければありがたいと思います。

それでは始めますけども、私は森重昭《しげあき》と申します。

現在85歳です（講話当時。2023年3月29日で86歳に）。被爆者です。77年前ですけども、爆心地から2・5キロの場所の、橋の上で被爆をいたしまして、川の中に落ちました。幸いやけどもせず、傷も負わないで、無傷のまま、黒い雨の中におりました。

キノコ雲の中は、真っ暗でした。

だんだん寒くなりました。太陽がキノコ雲に遮られまして、温度が下がっていたのです。

私が最初に川から這い上がりまして見たものは、血だらけで、胸が裂けまして、内臓が飛び出ているのを両手で持ったお嬢さんでした。

「病院はどこですか」と聞かれました。今にも倒れそうでした。

その時です。上空でＢ29の音が聞こえました。

原爆を投下した飛行機がまた戻ってきたんだと思いました。

また……また、やられる！

目の前のけがをした娘さんのことなどもう眼中になくなりまして、必死で逃げました。

それでもう大声で泣きながら、道中に横たわっている人を踏みながら、逃げに逃げました。

命のことを考えたのはこの時です。

死にたくない、と正直思いました。

爆弾が雨のように落ちてきたと感じました。

たった一発の爆弾で広島市が吹っ飛ぶなんて誰も考えなかったはずです。

逃げるとき、無性に怖かったです。命を助けてほしいと祈りました。

爆心地がどこかわからなかったのも、怖さを倍増させた原因の一つだったと思います。

市中から逃げていた人と、市中に入る人がぶつかったんです。

いかに情報が錯綜していたか、今ならわかります。

死に神が突然後ろから切りつけると言いますが、原爆はまさに死に神でした。

誰も経験したことのない爆弾でした。

昭和20年（1945年）の秋になりまして、ソフトボール大のウラニウム235に中性子をぶつけて爆弾を爆発させるといわれましたが、それが何のことを意味するのかさっぱりわかりません。それがわからなかったと思った次第です。

それぐらい科学全般に疎《うと》かったんです。

そういう私が何と、後世ですけどアインシュタインの特殊相対性理論に挑むことになったんですから、人生は面白いと思われませんか。ほんの小さな質量のウラニウムが巨大なエネルギーに変わり、広島を吹っ飛ばす破壊力をもたらしたのです。

米兵が校庭で被爆死

私は陸軍の（広島陸軍偕行社《かいこう》附属）済美《せいび》国民学校に、幼稚園から2年生まで通いました。

3年生から集団疎開に行かなければならない。ところが、私を可愛がってくれました祖母が、爆弾が落ちて死ぬんだったら家族全員で一緒に死のうと言い出しましたので、結局私は集団疎開に行きませんでした。

ところが学校としましたら、大変困りました。一人の生徒のために先生を一人用意するわけにいきません。結果、私は地元の己斐《こい》国民学校に転校したために、命が助かりました。

済美にいたら原爆で死んだことでしょう。

その済美の隣に、中国憲兵隊司令部があったのです。呉《くれ》を空襲中、日本軍に撃墜され、逮捕された米兵が収容されていました。その中の一人が、済美の校庭で被爆死していたのです。日本人の小さな遺体の中に、大きな白人の遺体があったので、すぐわかりました。校長の書いた手記を見て、中国憲兵隊司令部から逃げてきたということを知りました。

私は被爆直前に転校したから助かったのですが、転校しなかったら、米兵と同じ運命をたどったことだったと思います。

米兵の名前も、所属もわかりません。ましてや郷里などわかるはずがありません。

ひっそりと米兵は死んでおりました。彼には親きょうだいもいたかもしれませんが、全然それはわかりません。

私はこの米兵を、敵とは考えないで、相手を人間だと見たのです。

きょうだいを探し出してみたい、探し出してみましょう、そう思いました。

私の挑戦が始まりました。

当時アメリカにいた2億人の中から、たった12人の米兵の遺族を探し出すのです。お金はありません。資料もありません。手助けする人などもちろんありません。

あるのは情熱だけ。

でもね、やりました。やってやってやりまくる。そしてついに、全員を探し出しました。それを評価してくださったのが、誰あろう、アメリカの現職の大統領（当時）、バラク・オバマ氏でした。うれしかった。

だけど私は、大統領に話をする機会を与えられていたのですけども、当日は全部忘れてしまいました。涙を流す私を見て、大統領は、あの長い手を伸ばして、私を自分のほうに抱き寄せてくださいました。

お互い言葉を交わしませんでしたけれども、意思は通じたと思います。

長崎には、原爆で死んだ連合軍の捕虜が8人おりました。誰も、名前も遺影も登録していませんでした。

ようし、私がやってやろう。

誰にも頼まれもしないのに、義侠心《ぎきようしん》だけでやりました。現在8人のうち6人の名前と遺影を登録することに成功しました。あと2人、名前はわかっているんです。けれども、登録するのは遺族です。私はこの2人の遺族を発見していないので、まだ登録はしておりません。

ここでみなさんに申し上げたいのですけども、今日、まさに今日ですよ（2023年3月18日）、原爆で亡くなった米兵の孫から、私に手紙が来ました。

みなさんびっくりなさると思うけども、なんと、原爆で亡くなった米兵2人の甥《おい》が、おじの名前を付けられていいます、同じ名前を。それぐらい悲しみが大きかったんですよ。

私は広島市役所に彼らの名前と遺影を登録する手伝いをしました。そのとき、遺族からの申請書を見ましたら、その死んだ当人と申請者が、なんと同じ名前になっていました。

私は書き方が間違ったんじゃないかと思って、それを確かめてみましたが、そうじゃないんだとわかりました。これは死んだ米兵の名前を後世に残そうと思って、親が自分の子に兄弟と同じ名前を付けた。それが2組もあったということを知りました。

いかにこの原爆で亡くなった人を——みなさんと今日一緒に歩いて、いろいろな話をしましたけども、いかにアメリカの遺族が悲しんだかということを実感いたしました。

敵じゃなくて人間と思った

原爆で死んだ米兵は、呉湾にいた戦艦を攻撃しに来て、逆に戦艦の大砲を浴びて、飛行機が撃墜されました。それを初めからずっと研究した人が、伊陸《いかち》（山口県柳井市）という飛行機が落ちたところにいました。

その人が私に、飛行機がどういうふうにして呉市から伊陸に飛んできて、どういうふうにして墜落したか、ということを詳細に研究した資料を送ってくれました。

ですから、自分の肉親が原爆で亡くなったアメリカ人の遺族は、人が思いもよらないぐらいの悲しみを、ずっと、子々孫々まで伝えているということがわかりましたし、そういうことのないように、いろいろな人がこういう研究をしておるというのが実情でございます。

みなさんはこうして広島においでになって、いろいろなことを勉強されると思うけれども、アメリカ人の、あるいはオランダ人やイギリス人（長崎で被爆死した連合軍捕虜）の悲しみというのは、子々孫々まで負わされていくんだということをご理解いただければと思います。


（講話の最後の質疑応答で、ジョージア工科大の一行から次のような質問が出された）

「森さんは米兵に対して、かわいそうだという気持ちからご遺族を探して、わざわざ手紙まで書いた。それはどうしてなんですか」

（それに対して森氏はこう答えた）

米兵は敵だとみなさん思っているでしょうけど、私は敵じゃなくて人間と思った。

人間だったらどうしてほしいかを考えたとき、あの人たちにも親がおり、きょうだいがおり、子どもがおり、その人たちが心配しているだろうと思った。情報を何も知らされていないのだから、私が知っている情報を教えようと思った。そうして教えたら、とっても喜んだ、それで続けてやっているのです。

第1章　8歳で見た地獄絵図

森重昭氏は、原爆が投下された翌年の己斐《こい》国民学校（己斐小学校）の校庭に咲く桜の花は、それまでに見たどの桜の花よりも美しかったと記憶している。その対極にあったのが、被爆当時8歳だった森少年が目にした地獄の光景だった。

あの時、少年の目は何を見たのだろうか。

森氏の講演や森氏へのインタビューをもとに再現してみたい。

敵機の爆音を聞く訓練

私は1937年3月29日、広島市で生まれました。己斐という町です。日本全国で有名な植木の町でございました。それがなぜ有名かと言いますと、盆栽を日本で初めて作ったのが己斐だったからでございます。

私の印象に残っているのは会社です。

軍需産業の会社が市内中心部から己斐のほうに移ってきておりました。

三菱重工や、魚雷をつくっていた東洋製罐《せいかん》です。東洋製罐は今のノートルダム清心《せいしん》中・高等学校の下、三菱重工は土井紅葉園の北側にありました。

家族構成は、祖母、母、母の妹、私、それと妹が2人。父は住んでおりましたけれども、原爆が落ちた当日は仕事で家におりませんでした。父は広島県の土木技師として西《にし》飛行場（現在の広島へリポート）の現場で勤めておりました。

ひと言申しますと、父は内密に、東条英機首相から直接、西飛行場の滑走路を延ばせという命令を受けておりました。

幼稚園から2年生まで私は、広島市中心部の済美国民学校におりました。

入学したころは1クラスだいたい50人くらいだったと思います。3年の時に己斐国民学校に転校したのは、私を随分かわいがってくれました祖母が、「爆弾が落ちて死ぬんだったら、もうみんな一緒に死のう」と言い出しまして、それで私は、集団疎開に行かなかった。集団疎開に行かせないために己斐国民学校に転校させられたのです。

だから生き残りました。

済美国民学校で記憶に残っているのは、さいたさいた、さくらがさいた、というあの有名な教科書のようなありふれたことではなくて、敵機の爆音を聞く、そういう訓練をしていたんですよ。米軍機の音を確認する授業です。

そういうことをやっているなんて、おそらく誰も知らないんじゃないかと思いました。

でもあのころは、みんな必死でやった。

私も必死で勉強した。B29の音に敏感なんてもんじゃない、命がかかっているんだから。

誰も今じゃ、当時のこと知っている人はいないと思う。

だからB29が上空に来たときに、

「これはB29だ」

というのが誰よりもよくわかりました。毎日聞いているんだから敏感なんですよ。

そういうふうなこともありました。

広島では日本軍が戦車を西練兵場にいつも持ってきて訓練していました。だから普通の人は日本製の戦車を見ることもおそらくなかったと思いますけども、僕はそれを見ている人間ですから、戦争に対しては、普通の人より少しは知識があったように思うんです。

己斐国民学校3年生

己斐国民学校では、私より上の子が手旗信号を勉強していた。

手旗信号というのは、左右片方ずつの手にそれぞれ赤と白の旗を持って直立し、旗を上げたり下げたりして遠く離れた相手に意思を伝える通信手段のことですね。あれ、通信を送るほうはわりとできるし、わかるんですが、それを読むほうは大変ですよ。普通ではできませんよ。

そういうことを上級生はやっておりました。

5月から、3年から6年までが集団疎開しました。

でも私は参加せずに、学校ではないところで勉強していました。

当時、先生も生徒もたくさん動きました。生徒のほうは次世代、次の軍人になるわけですから、それを残さなければならないということで、分散授業というのをやっておりました。

私の場合は、旭山《あさひやま》神社の一番上のあたりのクスノキの木の下。

ここはね、日本でも有名なところですよ。毛利元就が厳島《いつくしま》合戦をやる前に、3千人の武将を連れてここへ上がって戦勝祈願をやったところです。ほかではどんなところで勉強したかというと、今のJRの西広島駅の北。馬土手と言っていましたけど、馬小屋で勉強しておりました。それから、己斐小学校（己斐国民学校）のずっと上。ここは焼き場で、その墓のそばで勉強しておりました。

あのころの起床時間はだいたい7時ごろだったと思います。

朝ご飯は7時半ごろ、お粗末なご飯です。これは麦飯か、大根が入っているようなもので、米のご飯は銀飯と言いまして、1年のうちで正月か、あるいは病気になった時にしか食べることはありませんでした。

気がついた時は、川の中に吹き飛ばされていた

8月6日のその日は、朝7時ぐらいに起きたと思います。

家を出たのは8時10分ごろだったと思います。

家の前に旭山神社への登り口があって、ここに2本の橋がかかっておりました。ただし、今のような鉄筋コンクリートではなくて、木造だったように思います。

２本の橋のうちの右側の橋を、私を含めて全部で３人が通っておりました。爆心地に近いほうの２人の陰に私はおりましたので、おかげさんで私はやけどもしないし、けがもしない。ただし、吹っ飛んだ。

原爆が落ちた途端に吹っ飛んで、私は長い間、爆風で飛ばされました、とこれまで言ってきましたけど、よく考えてみれば、爆風なんてもんじゃない。まばたきする間もないような、0・1秒の間に数十万もの気圧がかかるすさまじいものですよ。

この数十万気圧に圧縮された空気が私を吹っ飛ばした。

ピカドンという表現がありますが、ピカは知っていますけども、ドンは知りません。

ここでね、言いたいことがある。

ピカドンと今の人はみなさんおっしゃっています。非常にわかりやすい。だから後世の人は、ピカッという光と、ドンという音が同時にあると思うだろうけれども、大間違い。

なぜかと言いますとね、光は1秒間に全部で30万キロ走るんですよ。

30万キロと言ったらおわかりになりますか。地球を7回り半ぐらいの距離を走るんですよ。音は1秒間に３４０メートルしか走りません。だから、両方が同時に聞こえるなんて絶対にない。随分時間を経てから、ドンという音が聞こえた、というなら納得しますけども。

気がついた時は、川の中に吹き飛ばされていました。

川幅は10メートルより広かったように思う。木の葉のように吹っ飛んで助かったのは幸運だったんでしょうけども、飛ばされて私は、川の中でしゃがんでいたんですよ。

なぜか。真っ暗だから。さっきまで青空の快晴の日に自分は学校に行きつつあったはずなのに、突然、真っ暗闇の中に放り込まれました。本当に真っ暗でした。

自分の手の指を目の前で開きました。数えようとしたんですけども、これが数えられない。5本の指が見えないぐらい暗かったんですよ、あの暗闇の中は。

内臓を両手に抱えて

私は、野草の生えている岸辺を這い上がりました。這い上がって、そして、そこで見ました。女の人が私のほうに近づいてきたんです。

ふらりふらりとして幽霊のような格好をしていた。

よく見ましたら全身血だらけ、そして、胸は裂けているんですよ。文字通り裂けている。そして、こうして何かを抱えている。たぶん、胃袋ではないかと僕は思ったけれども、とにかく内臓を両手に抱えて、「病院はどこですか」と、こう言いました。

私がそれに対してものを言おうとした途端、上空でB29の音が聞こえた。

私はこの音を聞いて真っ青になって、そして逃げました。目の前にいる、大変な重傷の人を放り投げて、一目散に逃げました。

ここでぜひ話したいし、逆に教えてほしいことがあります。僕は去年、長崎に行きました。そこで初めて知ったのですけど、長崎でも原爆が落とされたとき、大変な重傷を負って、体が裂けて腸がはみ出た人がいっぱいいたと聞きましてね。僕の場合も、己斐小学校のほうで何人もそんな人がいたことは、原爆の絵（ＮＨＫ広島が広く募集した）にも描かれていましたし、目撃者もいます。これは普通の爆風ではなくて、衝撃波で体が裂けたのではないか、といま思っているんですけど、本当はどうなんでしょう。これをぜひ教えてほしい。

「黒い雨」は体に当たって痛かった

とにかく怖いなんてもんじゃない。凍りつきましたよ。それでもとにかく逃げようとした。家のことは頭になかったです。飛ぶように逃げたと言えばかっこいいでしょうけども、そんなものじゃない。とにかく、もう、なんとかして生きたいと、そう思って逃げました。

原爆投下直後に降りはじめた「黒い雨」は、私の場合、体に当たって痛かったんですよ。ぬれる感じではなく痛かった。これ、僕はずっと覚えています。

第五福竜丸（1954年に米国のビキニ水爆実験で被爆した遠洋マグロ漁船）の大石又七さんが水爆に遭い、黒い雨に遭ったけれども、石のような黒い雨が落ちてきたと言っていましたから、僕は話をお互いにしましょうと申し込んだんですよ。

そしたら、話し合いしましょうということになっていたんですが、あの方は養護老人ホームに入っていらっしゃって、新型コロナのためになかなかなかったのです。今度会ったらぜひ話をしましょうということで、楽しみにしていたのですが、ついにあの方は（2021年3月に）亡くなりました。

僕が原爆を受けたのは夏ですよ。その夏、普通だったら暑いはずなのに、どんどんどんどん気温が下がるんですよ。そして、ましてや僕は上半身裸で、着ているものは脱ぎ捨てたもんですから、裸で、寒くて寒くてたまらない。猛烈に気温が下がってきたから、そのへんにあった新聞紙を拾って体に巻き付けて、やっと寒さをしのいだんですね。

アメリカのカール・セーガン博士が、今度、第3次世界大戦が起こったら人類は滅亡すると言っておりましたけれども、あれは大げさではないなと僕は思いました。

だって、核戦争が起こったら、穀物は全部育たない。日光も差さない。そうなったら人類は滅亡するというのがカール・セーガンの主張でした。カール・セーガンの本を読んで、他の人は大げさだと言ったけれども、僕は自分がやられているから、あの話は間違いないなと、そう思いました。

己斐国民学校をめざして逃げていたとき、どこかのおばさんに「坊や、ここにお入り」と言われて防空壕に引っ張り込まれました。山際にある防空壕です。

今でしたら防空壕というのは、中に水も食料も備えてあるのでしょうけれども、当時は水も食料もないし、ましてや、天井に板なんてないし、ただ掘っているだけ。中に入ったら、いつ上から土砂が落ちてくるかわからない状態です。

右のほうに入って、もしつぶれたら、その奥のほうが馬蹄形になっていますので、奥から別のほうに出られるように中がつながっていました。ただし、私が入っていた防空壕だけがそうだったのかもしれません。そんなのばかりいっぱい見ているから、当時はそういうふうにして防空壕をつくったんだと思っています。

防空壕にはすでに多くの人がいて、中に入れない人もいました。

校庭に積み上げられた遺体の山

8月6日の夜、防空壕の外に少し出てみました。

そしたら、自分が服代わりにまとっていた新聞の文字が見えました。あたりが明るくなっていたんです。それというのも、広島市内は全部火の海。8月6日は火の海。だから明るかったのだと思います。

その防空壕には3日間おりました。

3日間、水も飲まない、食事もしない。いや、できない。食べるものも、飲むものもなかった。気が狂いそうになりましたよ。特に水を飲まなかったので、もう持たないなあと思った。

4日目に防空壕から出ました。

これは伝聞でうわさでしたが、学校（己斐の国民学校）に行ったら、むすびがもらえるという話が聞こえてきました。

それを取りに行ったら、もらえないどころか、むすびの代わりに見たのは遺体の山でした。校庭にね、普通だったら遺体をずらっと横に並べると思うでしょうけれども、そうじゃなかった。ピラミッドのように高く積み上げられていた。

次から次へね、自分の肉親が死んだかどうかを確かめるために、随分たくさんの人が学校に来たんですよ。

ところが、遺体は全部真っ黒焦げ。男性と女性の区別もつかない。

どうやって調べたか。口を開けたんですよ、みんな。口を開けるんですよ。金歯が目印。そのために、遺体を積んでいた。

母との再会

3日間、母親がどこにいるかわからないままでした。

たぶん、山小屋の家に逃げているだろうと思って、僕もそこへ行きました。

それにはもうひとつ理由があったんですよ。

僕の家には、大きな井戸がありました。深さ17メートルだったかな。随分大きな井戸がありまして、そこは年中、おいしい水がこんこんとわき出るような井戸でした。だから、水がある、それから、食べ物もたぶんあるだろうと思って、ようやく家の山小屋にたどり着いた。

そして母と再会したんです。

「生きとったんかあ」

母がそう言ったのを覚えています。

僕のことは死んだとばかり思っていたらしいけれども、僕がふらふらふらふらしながらでも帰ってきたから、「生きとったんかあ」という言葉がとっさに出たのでしょう。それからの生活は、トタン屋根を、がけに斜めに置いて、そこで暮らしていました。

僕が言いたいのは、3日間、水も食料もなかったらどうなるか。

気が狂いそうでした。

これは体験してもらったらすぐわかる。

ほんまに気が狂うんじゃないかというぐらい、しんどかったです。

母親と再会して、僕の家族はみな逃げて来ているし、いとこも逃げて来たんです。そのいとこのお母さんは焼け死んだ。いとこは、自分の母親をどうしても助けられなかったと言って、ものすごく悲しんだのをよう覚えているんですよ。だからそのことを、映画「ペーパーランタン（灯籠流し）」の監督さんにしゃべったら、それを一場面として入れてくれた。

僕の家族はここに逃げて来て、生き延びた。

激励に来た東条英機

僕の父は、広島県の土木技師でしてね、飛行場を造る専門家だったんです。

だから、父は吉島《よしじま》飛行場を造ったし、三菱造船の工場を造った。それからいま西飛行場と言っているけども、もとの広島空港を造ったのも父です。それを命令したのは東条英機です。それで数回、飛行機で東条英機が激励に来たと父は言っておりましたが、こうした施設の建造は全部秘密にしなければいけないから他言無用だということで、資料には一切、父が造ったということは載っていません。

東条英機は、西飛行場の滑走路を２５００メートルにするよう命令したそうです。それまで1千メートルぐらいの長さしかなかったものを、倍以上の２５００メートルに延伸する。どうしてそういうことになったかと言うと、父が言うには、そこから爆撃機を飛ばそうとしたためだったそうです。だからしっかり頑張ってくれと東条は言ったそうですよ。

父は被爆した時、観音《かんおん》（現在の広島ヘリポート）にいました。本来だったら県庁にいたはずですから加古町《かこまち》で当然死んでいたはずなんだけど、死なないで助かったのは、伝単（降伏などを呼びかけるビラ）が空から落ちてきたからだったそうです。そのときの伝単には、危ないから避難せよというような内容が記されていたというのです。結局それで助かりました。

◇

妻・佳代子氏　おじいちゃん（重昭氏の父）もさっき言った山小屋に帰ってきました。家族みんなここに戻ってきた。ここには井戸があるし、農作業するみたいなちっちゃな小屋があったんですよ。それで、下の家が全部壊れてしまったからここへ避難してきたので、おじいちゃんも、お父さん（重昭氏）もここに来て、みんなここで会えたよっていうことです。一家で合流できた。下の家はわりと大きな家だったから防空壕が掘ってあって、妹たちとお母さん（重昭氏の母）は一時そこへ避難したそうです。だからあのままそこにいたら家が壊れてガラスの破片を浴びたり、建物の下敷きになったりしたかもしれない。この人（重昭氏）は、国民学校へ向かう旭山神社のところに分散授業で行くために、8時15分には、ちょうどあの橋を渡っていたということです。

◇

なぜ、すぐに僕は家に帰らなかったか。僕の考えは違うんですよ。

僕は毎日、済美という学校に行っていたときに、アメリカの飛行機の爆音を毎日毎日聞かされて、「これはB29じゃ」「これはグラマンじゃ」「これはロッキードじゃ」と言っていた人間ですからね。だから、敵の飛行機の音を聞いたら、「爆弾を落とされる」と思いますよ。だから逃げたんですよ。家に帰るどころじゃなかったから。

「B29があああーーー」友人の大声

僕はひとつだけね、どうしても世に問いたいことがある。それは何かと言いますと、広島の原爆を研究する専門家の人がみな調べてわかったんですけども、原爆を投下して爆発したのは、ご存じのように、あそこの島《しま》外科（当時は島病院）の上空600メートルということになっとるんです。爆弾を投下したのは、これも専門家が調べて結論は出ているんですけども、広島駅の北の方角の矢賀《やが》といわれます。爆発したのは島外科の上空であって、投下したのは矢賀周辺だった。

それで僕は、これもあまり人に言っていないんですけども、吹っ飛ばされる前に、橋の上を友人と3人で歩いていて、その2人の陰になったんですけどね。その2人のうちのどちらが言ったかわからないんですけども、大声を上げたんですよ。

「B29があああーーー」

はっきりと「B29」だと言うたんです。

上空9千メートルぐらいのところにいたB29を見たという話ではなくて、まさに僕らの目の前にB29が来たかのような、すさまじい大声を上げたんですよ。

それで僕はそれを見ようとした途端に、衝撃波だと思うんだけども、吹っ飛ばされたもんだから、ついにその飛行機は見てないんですけどね。

ただ、それが僕らの目の前というか、頭のすぐ上を飛んでいたかのような大声だったので、「あれは間違いなくB29『エノラ・ゲイ』だぞ」と何十年経った今も思っているのです。

ご存じのように、アメリカでは、爆弾を投下したら自分の爆風でやられるからすぐ逃げなきゃいけない。自分の爆風でやられるからというので、下にくぐって北の方角に逃げたわけですけども、考えてみれば、矢賀の東から飛んできて、そこで爆弾を落として、飛行機はそのまま西のほうへ飛び去る。動いている飛行機から爆弾を落とすから、慣性の法則によって爆弾は飛行機と同じく水平方向に動いてから落下する。B29は原爆投下後、下にくぐって北へ逃げる訓練をアメリカで何百回もしているんですよ。だから僕らの頭のすぐ上に来たんだと僕は思う。

あのとき友人が大声を上げたのは、はるか上空に飛行機がいたぞというような声じゃなくて、もう目の前にいたかのような大声だった。そのことを僕は何回か人に言ったことはあるんだけども誰も相手にしてくれなかった。それで、そのときの資料を徹底的に調べました。

3つの「ラジオゾンデ」

今も耳に残るあの声は、どうしたって普通の声ではなかった――。

そう思って追究した結果、広島駅の北、矢賀で原子爆弾を投下したB29「エノラ・ゲイ」は、私たち3人がいた頭上付近まで急降下して、そこから北に逃げていたのです。

私はその裏付けを、『広島原爆戦災誌第1巻』の64ページに求めました。図入りで書いてあります。エノラ・ゲイは私の上空1800メートルまで降りていたのです。友人が大声をあげたはずです。人づてに友人は死んだと聞きました。

投下後、エノラ・ゲイは北のほうに逃げて、その観測機だった「グレート・アーティスト」が南のほうに逃げたことは絶対に間違いない。あまり知られていないようですけれども、グレート・アーティストはエノラ・ゲイの1マイル後を追尾していた。広島で落とした爆弾の効果が自動的にアメリカ側に送られるための装置があります。これを「ラジオゾンデ」と言いまして、何年か前まで、原爆資料館（平和記念資料館）に実物がありました。

グレート・アーティストの元乗員が34年前に広島に来たとき、原爆資料館でそれを見て、「おお、これだこれだ」「これが俺の落としたラジオゾンデだ」と言っていたんですよ。

原爆がパラシュートで落ちてきたと当時たくさん新聞に書かれた。でも原爆は重すぎてパラシュートでは投下できません。落とされたのは3つのラジオゾンデでした。

その3つはどこにあるか。これは北の方角の可部《かべ》近くの亀山に落ちたんです。それを誰かが拾っていたのが、原爆資料館に3年ぐらい前まであったのですよ。あそこは展示を変えますからね。それまでずっとあったんです。

放射線やいろいろなデータというデータが全部、自動的にアメリカに送られるようになっていた。そういう装置をグレート・アーティストが積んできて、エノラ・ゲイが爆弾を投下すると同時に、自分たち（グレート・アーティスト）もラジオゾンデを落として、自分たちは南のほうに逃げた。

もうひとつ後ろについていた「ネセサリー・イービル」、日本では「91番機」とか、ほとんどのメディアさんは「米軍機」と書いていますけどね、その米軍機が、あの有名な広島のキノコ雲の写真を、広《ひろ》（呉市）から撮った。本当の名前はネセサリー・イービル、「必要悪」という意味です。その写真を写したのが、マッコードという人ですよ。本人が34年前、広島に来て名乗ったので僕は知りました。

あの原爆を実際に落とした人たちが34年前、5人ほど広島に来ていましてね。BBC放送がドキュメントで撮影していたのを、ネットで配信されるよという情報を得て、僕は見たんです。平和記念公園に来て、原爆資料館に行っているのが全部映像に流れました。全部英文ですから、私はちょっとメモしておいてね。パソコンでその映像を見たんです。機長のスウィーニーをはじめ5人いた。どの飛行機に乗ってきたかというのも私はメモしておいたけど、その中の何人かは、長崎に原爆を落とした人ですからね。

◇

佳代子氏　BBCの放送は、期間限定のものでした。でもそういう情報を得たものだから、パソコンで見ました。そういう時って、なんかね「におうんだ」と（重昭氏は）言うんですよね。情報がピッと入ってきて、それをキャッチする能力がありますね。でもこの映像を見ていたら、平和公園のシーンで、平和公園を掃除していらっしゃるおばちゃんたちに、彼らが話しかけているんですよ。まさか彼女たちは、エノラ・ゲイをはじめ、8月6日に原爆を落としたアメリカ兵だなんて知らないからね、気楽に話をしている場面もありました。

断末魔の声を忘れられない

僕はね、もうひとつ、みなさんに知ってほしいことがあるんですよ。

というのはね、1945年の8月6日に原爆が落ちて、広島市の中心部からどんどん火災が広がった。僕の記憶だと、8月6、7、8日の3日間、全市火の海。それで、今こう思っているんです。

人間は毎日息をしますね。息をするのに大体平均、3万回、1日に息をするんだそうですよ。その3万回の中で、息の成分は約78%が窒素。それで、約16%が酸素。残りがその他の元素で、1日に3万回も繰り返している。広島市は全部火の海になって、みんな死んでいるんですよ。何を言いたいかと言いますと、猛烈な勢いで、建物なんかはほとんどが木造ですから、焼け焦げる。焼けるときは、酸素で火は燃えます。僕はね、放射線ということばっかり考えてきたけれども、もしかしたら、みんな窒息していたんじゃないだろうかという気がする。

僕のいとこは自分の母親が爆心地から800メートルのところで被爆しているんですけれども、家の柱が体の上に落ちてきて、それで焼け死ぬんです。その断末魔の声をどうしても忘れられないと、ずっと言っていました。

そういうことは、NHKが募集した原爆の絵の中に何点かありますから、そんなのがあちこちにあるのかなと最初は思っておったんですが、今考えてみたらね、いっぱいそんなのはあったはずですよ。だから、そのときに僕はみんな焼け死んだか、あるいは建物が倒壊して潰されて死んだのだろうと思っておりましたけど、待てよ、あの大火事になったら、燃えるのに酸素がいるぞと。そしたら、焼け死ぬどころか窒息して死んだんじゃないかと、いま思ったりしておるんですけどね。そんなの全然、どこにも書いていません。

それともうひとつ。ある文献を見ていたら、原爆を落としたエノラ・ゲイの後ろに2機ほどついて来ているはずなんですが、なんと僕が読んでいる資料は、それよりも2機のほうが早く来ていると言うんですよ。そんな馬鹿なことがあるか。だって、テニアンからエノラ・ゲイが発進して、その2分後にもう1機のグレート・アーティストが来て、それで最後はネセサリー・イービルが離陸したんですけども、テニアンでそうしているのに、なんで広島じゃ逆になっているなんて書いてあるのか？　エノラ・ゲイよりかグレート・アーティストやネセサリー・イービルが先に来て、３つのラジオゾンデを落としたと書いてあるんですよ。だけど、誰もそれを否定することもない。文献によったら怪しげなのが結構あるんですよ。

それとね、被爆者以外の人が間違っていることがある。

それはね、原子爆弾が爆発してあのキノコ雲ができたとみんな思っているけども、とんでもない。皆さんが知っているキノコ雲は、あれ、爆発のあとにできたものなんですよ。最初は真空になる。それで真空になったからこそ、真空に周りのものが吸い寄せられて入ってきて、それが上がってきてキノコ雲になった。だから、爆弾が広がったわけじゃない。

そのあたりのことは、グラント・テイラー博士と言って、ＡＢＣＣ（原爆傷害調査委員会）の2代目所長が科学的な研究を始めています。爆心地があって、500メートル、1千メートル、1500メートル、だんだん広がった場合は死者がどうなるかといったことを、新聞も書くし、テレビもよくやっているけれども、きちんとした形で研究を始めたのはテイラー博士なんですよ。テイラー博士はいろいろな研究をされていたので僕はどうしてもそのデータがほしかった。一生懸命それを手に入れようとしたんですけども、ＧＨＱ（連合国軍総司令部）がストップをかけていたために今も手に入らないんですよ。僕が知りたいことはまだアメリカにいっぱいある。

生き延びて

学校が始まったのは昭和20年9月15日からです。講堂がございまして、今は体育館ですが、己斐国民学校以外の天満《てんま》国民学校とか、本川《ほんかわ》国民学校からも確か来ていたと思います。生き残った者が少しずつおりましたからね、それで衝立を立てて、こちらは天満、こちらは本川、というふうにしながら勉強していたと思います。

とにかく、戦後は大変だった。

原子爆弾を落とされる前は、少なくとも配給があった。わずか350グラムしかもらえなかったけれども、お米もマッチも服飾も、それから医療切符というのもありましたから、少なくとも、最低限の生きるすべは、なんとかいただけることがありました。けれど、原爆が落ちた翌日から、当然配給はなくなるし、食べ物なんかはまったくない。そして、住む家もなくなった。

そして、こういうこと言うのはどうかと思うけども、大変なインフレがあったんですよ。僕は自分で計算しているけども、それもね、どれぐらいの倍率だったと思いますか。約100あった、僕が計算したら90倍ぐらいあった。インフレで物価が上がるんですよ。みんなとっても苦しんだ。広島の人だけじゃなくて、日本全国のみんなが感じたはずです。食べるものがない、へびを食べた、ねずみを食べた、かえるを食べた。そんなことをやっていました。

己斐国民学校に転校する前の済美国民学校は大変優秀な学校だったんですよ。

忘れもしないけども、陸軍幼年学校いうのは日本で競争率100倍ですよ。それぐらい優秀な人が入っておりまして、幼年学校から後は、海軍は江田島《えたじま》へ、陸軍は東京の四谷《よつや》へ。それから陸軍大学校ですからね。だから、超がつくぐらい有名な学校ですよ。だけど僕は幼年学校の前の国民学校です。でも、よく考えてみたら、広島の開業医はみな、済美出身ですからね。唯一の試験があった学校です。結局、僕は己斐に転校したから生き残ったんです。済美に通っていた人たちは全員亡くなりましたからね。

◇

佳代子氏　私が知る限り、本人は己斐の3年生の時で、済美がどうなったかっていうことはその時は知らないんですよ。後からこういう調査を始めたときに、校長先生が書き残していた。あの済美で亡くなった方の遺骨の中に、アメリカ兵とは書いていないけれど、アメリカ人の遺体があったと。それなんですよ。しかも、それは自分があのまま転校をしなかったら、もう生きてなかったという。それがこの被爆米兵の調査（次章以降）のきっかけでした。だからいろいろ校長先生が書き残されているものと、己斐の国民学校で私が把握している限りは、国民学校でさっき言ったようにお腹がすいてひもじいから、己斐の学校に行ったらむすびがもらえるぞと言うので行ってみたら、死体を処理していたよっていうのを目撃したということが調査を始めるきっかけです。そしたら、(重昭氏は)数字に割とこだわる人だから。正確な数まで調べることを38歳の時から始めたということなんですよ。

◇

昭和20年11月ごろだったと思います。

とにかく寒くなっておりました。

そのとき私は、己斐国民学校にいました。今は己斐小学校の校庭は平らな一面ですけども、当時は2段になっていまして、その下の段、講堂のすぐ近くに慰霊碑がありました。慰霊碑と言っても、門柱の、木が一本あって、下は砂で、その木が立っているような程度のものですよ。だけど、「慰霊碑はなかった」なんて書いていた資料もあったけど、とんでもない。そういうものはありました。

そこに私はおりましたが、警察と消防が一緒になった警防団の人が、大人同士で話をしているのを、私は耳にしました。

なんと言ったかと言いますと、1人の人が、「たくさん遺体を焼いた」と。そしたらもう1人の人が「どれぐらい焼いただろうか」。そしたら、最初に言った人が「2万」と言ったんですよ。僕はそれを聞いてね、びっくり仰天しました。だって、ここで2万も焼いたか、そんなに数は多くないぞと、桁は一つ少ないんじゃないかと思いましたよ。

それで、本当の話はそれからわかるんですけど。実際に数えた人がおりましてね。

その人を私は、13年かけて追いかけました。

第2章　執念の調査

太平洋戦争末期の1945年7月28日、アメリカ軍は広島県呉の軍港を空襲した。戦艦「榛名《はるな》」を攻撃していたB24爆撃機「ロンサムレディー号」と、B24爆撃機「タロア号」が被弾し、墜落する。パラシュートで脱出して命が助かった乗組員たちは捕虜となり、今の広島市中区にあった中国憲兵隊司令部に収容された。そして運命の8月6日を迎える。

ロンサムレディー号は山口県柳井市の伊陸に墜落し、その後、9人の乗組員のうち6人が被爆死した。タロア号は広島県佐伯郡に墜落し、乗員11人のうち墜落時に助かった3人が被爆死した。さらに、小型爆撃機の乗員2人と戦闘機の乗員1人も被爆死している。

森氏が突き止めた被爆米兵は12人いた。

戦後の人生

8歳で被爆した僕は生き延びました。

僕が進学したとき、広島国泰寺《こくたいじ》高校（前身は広島一中）は男女共学でした。将来は医学部に行こうと思いましたよ。被爆した人は、髪の毛が抜けたとか、赤い斑点《はんてん》ができたとか、下痢《げり》をしたとか、そういうことがいっぱい言われていた。病院に行っても、お医者さんもわからんと言って教えてくれなかった。だから、なぜたくさんの人が死んだのか知りたいと思った。

その後亡くなってしまう人たちから僕は言われました。

「医者になってから解明してくれ」と。いま考えたら、あれは僕に対する遺言でしたよ。

その道に入ることにはならなかったけれど、人がやらない、やろうとしてもできないようなことを、自分だけはずっと諦めずに追究してみようと思いました。それがうまくいくかどうかというのは、もちろんわかりません。でもやれるだけのことはやってみようと思った。こんなにも長い間、自分がやることになろうとは思いも寄らなかったことです。

私は中央大学の経済学部を出まして、山一證券に入社しました。まず兜町《かぶとちょう》の本社に勤務して、3カ月ぐらいの研修を経て広島支店を希望したら、そういう希望は僕しかいなかったので、すぐ広島支店に配属が決まりました。なかなか第一線には出してくれませんでした。なぜかと言ったら、やっぱり、お金を取り扱う会社ですからね。あのころ僕は13億円ほど扱っていました。普通の個人じゃなくて農協とかの法人でした。集めたお金を投資するには、元本保証されていないといけないから、僕は株でなくて債券でそれをやりました。債券は元本保証ですからね。そんなことから、商業高校からお金の流れを教えてくれと言われて、そんなこともやっていました。

当時、朝5時には起きて勉強していました。そうしないと間に合わないんです。というのは、ロンドンから銅の相場が入ってきまして、世界中でどういう商品が動いているかとか、金利がどうなっているとか、お金の流れがいまはアメリカ中心ですけど、当時はヨーロッパ、ロンドンが中心でした。そんなことから新聞は7、8種類は読んでいました。勉強せざるを得ないですよ。背広も、普通の背広じゃちょっと格好悪いから、イギリス製の背広を買いました。ちょっと格好だけはつけて、会社に行っておりました。そういうことを毎日やることによって、日本の経済がどういうふうにして動くかを目の当たりにしました。

山一というのは当時は証券会社でトップだったんですよ。日本一どころか、世界でメリルリンチより大きかったから、たぶん世界一の証券会社だったと思います。だから、社章のバッジが歯ブラシのような形で、山に横に一があった。それが僕の最初のバッジでそれをつけて兜町を歩いたら、一目置かれました。ちょっとレベルが違うぞというような感じでしたから、一社員に過ぎない人間ですけど、どこで誰が見ているかわからんし、勉強だけは相当やらないと、と思いました。

その後、山一の経営悪化により、ヤマハ（日本楽器製造）に転職しました。被爆死した米兵の調査を本格的に始めた38歳の当時は、ヤマハに勤めていました。

己斐の死者数

話せば長くなりますけども、原爆が落ちたとき、己斐には家屋が1780軒ありました。それを一軒一軒、歩いて確かめたんです。

約1千近かったと思います。一軒一軒訪ねて、「あなたは被爆なさいましたか」「あなたのうちでは、あなた以外に誰か、被爆した人はおりますか」と。そんな話は、三つも聞けないと言われまして、それを聞いて歩きました。

己斐国民学校の校長先生は、『広島原爆戦災誌』の第4巻に800人焼いたと書き残しているんですけど、本当はそんなものじゃない。その2、3倍はあった。

もうひとつ、私が数字にこだわったことがあります。

寒かったから、秋の11月ごろだったと思います。そのとき、僕の目の前で警防団同士、2人の大人が「ここでたくさん人を焼いた」と話しているんです。1人が「2万は焼いた」と言ったんですよ。

2万というのはあまりに数が多すぎると僕はそのとき思ったんですけど、確かにそう話していました。それは本当かと思って僕の探究心に火がついたわけです。

公文書には、「高須《たかす》で5千人焼いた」とか、「己斐の国民学校で2300焼いた」、その他にもあそこで300、ここで230、ここでなんぼとあって、それはおびただしい数でした。

その後、調べてみると、己斐近辺に逃げて来た人が6万人だと『広島原爆戦災誌』に中国新聞の記者が数えたと書いてあります。その6万人の中の2万人ぐらいが、力尽きて己斐国民学校や己斐近辺で亡くなったということを、僕は20年ぐらい追究して割り出しました。だからあのときの警防団員の話は決してうそじゃなかった。

己斐国民学校の講堂は陸軍が接収していて、そこでたくさんの優秀な陸軍の軍人が、己斐で焼かれた人を一人一人数えていたんだそうですよ。その数が全部で2300人でした。数えた人を私は13年かけて見つけたのですが、そのときにはもう亡くなっていました。

それで、その方の息子さんに、「ぜひ、あなたのお父さんの書かれたものに、死んだ人の数が載っているか調べてくれ」と頼みました。すると3年かけて探し出してくれまして、そのコピーを私に送ってくれました。原爆体験記でした。それを私は己斐小学校に持って行って、校長先生に差し上げました。その方は青森におりまして、青森の原爆体験記に載せていました。

1万の遺体

それから、さきほど2万人の人が死んだと言いましたけれども、これも徹底的に調べました。するととんでもないとわかった。なぜか。己斐小学校は2300人いたけども、いま高須にある庚午《こうご》第一公園では5千人を焼いていたではないですか。それから私は善法寺（広島市西区己斐本町）に行きました。善法寺は己斐で一番大きいお寺です。

ここは先祖の方が、足利義満と関係があったそうです。日明貿易で大変な金を儲けたのが、金閣寺をつくった義満です。そこに行って「ここに一番たくさんの人が逃げてきて、ここで焼かれたんだから、いろいろなこと教えてください」と頼みました。でも、何度訪ねて行っても会ってくれなかったり、話をしてくれなかったり。まあ冷たいものでした。結局、20回行きましたよ。

そしたら20回目には、庭をきれいに掃除して、打ち水をして清掃してね。ご夫婦で私を迎えてくれました。必死で僕が調査をして、「ここで死んだ人の真実を知らせたいから教えてください」と言っていたことがついに伝わりましてね。

そこで言われたことは絶対に忘れませんよ。

「うちには、1万の遺体があった。地下を含めて天井まで1万あって、毎年毎年その慰霊祭をやったんだ。あまりにも8月6日が大変だから、広島市に引き取ってくれと言ったんだ」と。

それからです。広島市が慰霊祭を8月6日にするようになったのは。

ですから、広島市が記念式典を8月6日にやりだしたのはだいぶ後で、最初のころは、広島大学の人、それから会社、あるいは学校を含めたいろいろなところが、自分のところにいた人たちがたくさん死んでいますからそれぞれが慰霊祭をやっていたわけです。それが8月6日に集中していたんです。

広島大学の学長が僕に言いましたよ。「いろいろなところから言われるけど、俺の体は一つしかないから行けんじゃないか」と。それで結局、広島市のようなところがまとめて慰霊祭をやってくれないと困るということで今のスタイルになったんですよ。

いま、太田川放水路というのはちゃんとした川になっているけれども、昔は、山手川といって中に島があってね、そこで随分たくさんの人を焼いたんですよ。己斐に逃げて亡くなった人をいろいろなところで焼いているんです。それを一軒一軒歩いて、バスが走っている県道を歩いて、全部調べました。「ここで200人」「ここで300人」という具合にみんな教えてくれました。そのうちに、「私の家では38人死んだ」「うちは30人死んだ」と言ってくれて、それを僕は記録した。全部それ、今でも言えますよ。うそだと思われたら困るから言いますけどね、手記まで書いてもらっているのもあるから、いつでも見せますよ。それまで誰も書き残していなかったものです。

被爆調査を1千人以上

僕の一番の弱点は、自分がやったことが正しいかどうかわからないことです。でも、いい加減なことはしたくない。なにしろ、僕の話は「人が死んだ話」ですからね。間違ったことを言うわけにはいかないから、正確な情報を知らさないといけない。

それならどうするか。

原爆体験記を読む、広島原爆戦災誌を読む、それからNHKが作っている証言ビデオ——これは誰でも貸してくれるので、その調査をやっているときには500本ぐらいあったと思うけどそれを片っ端から、1日5本は貸してくれたのを見ていた。己斐に関する原爆体験記があれば、2千人分ぐらいは読んだと思う。読んだ後はそれを確かめてみようと、「ごめんください」と言って裏を取りに行きました。

メディアのみなさんよりも僕は上を行かなきゃならないということですからね。全部間違いじゃないかと言われたんじゃ成果ないからね。

だから、わからないことを聞きに行ったりしているうちに、地元ではだいぶん有名になっちゃったから、僕を見つけたら情報をくださるようになりました。そうして情報が入ってくるようになった。広島市内にだんだん広がっていって、他県に行くようにもなりました。

1日に1軒か2軒。それでもちろん、「行ってもいいですか」「いつでもおいでください」とはなりませんからね、(死者数が)一番多いのは、さきほど言った善法寺という己斐で一番大きいお寺でした。

善法寺に遺骨が1万体あったなんていうことはみな誰も知らない。だから2万の人を己斐で焼いたという話をしたら、聞いた人は「そんな馬鹿な」というような顔をして僕をいつも見るので、「じゃあ、善法寺へ行ってごらん、あそこに1万ほど遺骨があったんだから」と言ったり、公文書を見せて「高須で5千人を焼いた」と書いてあることを示してみせたりするうちに、僕が勝手に作り話をしているのとは違うと、だんだん信用してもらえるようになったんです。

原爆戦災誌に載っていないようなことを僕は明らかにしたと新聞などに書かれました。

被爆調査を1千人以上やったのは世界で僕しかいない。そういう自信があります。

掘り起こされる秘話

聞いて歩いた先々でみんなが教えてくれたことが今ごろになって役に立つようになりました。「あそこの誰々さんはどうなったか」と僕に聞くんですよ。だから、僕が聞いている範囲で、ここに誰々が逃げて来て、というふうにお答えします。

ある人は、「うちの子どもは死んだけれども、せめて死ぬ前にトマトを食べさせてやりたかった」と言ったんです。だから、「いやいや、食べているよ」。どうしてかと言えば、「あんたの子どもさんが逃げてくるとき誰々と一緒に逃げて来たでしょ。その誰々さんは、自分のところであなたの息子にもトマトを食べさせている、ということを聞いているよ」と言ったら、「あそうだったのか」と。せめてトマトぐらい食べさせてやりたかったのにと思ってきた親御さんは、気が楽になりました。トマトひとつのことで、どれだけみんな喜んだかということですよ。

いろいろなところで僕は調べました。

ひとつ例を言いますとね、蓮照寺という寺があるんですよ。そこは己斐にありながら、広島市が幼稚園を経営していたところです。そこで爆風で子どもが飛ばされましてね。寺の太い柱に頭をぶつけて、頭蓋骨がぐちゃぐちゃになって亡くなった。いつになっても子どもが帰ってこないから、親は心配していたらしい。そのことを後になって僕は教えたんですよ。

「いやあれは、あそこの幼稚園で吹き飛ばされて、僕も吹っ飛ばされたけれど、あなたのところのお嬢さんも吹っ飛ばされて亡くなって、園長先生がおうちに娘さんの遺体を持って行ってあげなきゃいけないのを、あまりにもかわいそうで連れて行けなかったんだ」という話をしたんです。

一軒一軒歩いた中には、こんなことを言われたこともあります。(家の人が亡くなったという話をしたとき)奥さんは言いましたよ。「私はそういう連絡受けたとき、便所の中に入って一晩中泣いたんだ」と。そして、その後、私にこう言ったんですよ。「手や足がもがれても、手も足もなくていい。だるまのようになっても帰ってほしかった。生きてほしかった。死んでほしくなかった」。そう言いましたよ、奥さんは。

他のところに行ったら、己斐国民学校の高等科、今は小学校6年生、昔は8年生ですが、高等科の人に陸軍がパイロットの募集をかけていました。先生は、運動能力が優れて頭のいい生徒に目をつけて「ぜひ応募しなさい」と言ったらしい。その子は嫌で嫌でしょうがなかったけれども、あまりにも先生が言うからついに行きました。そして、敵を殲滅《せんめつ》させると言って軍事郵便を送っていました。でもアメリカ軍に全滅させられた。それを勧めた先生が、自分が教えた子どもが死んだと知って、家に行って仏壇の前の畳を何十回もたたき、たたき、たたいて、「悪かった。私が言わなかったら君は死ぬことはなかった」と慟哭《どうこく》していたと、そう言いましたよ。

それから、みんな幽霊みたいに手を胸のあたりに上げて逃げて来たと言います。どうしてそんな形をしたかほとんど知られていません。逃げて来た人が、「心臓より手を上に上げたら楽になる」と教えてくれた。心臓より下に手をやったらしんどい。「僕は被爆者ですがそういうことは知りませんでした」と言ったら、今のことを教えてくれました。僕はこの人たちと同じように逃げたけれど、やけどもしてないし、けがもしていない。でも、その人は大やけどをして、幽霊みたいな手で逃げて来て、のちに僕に教えてくれたのです。

こだわり

NHKは、被爆者の絵を募集していて2225枚ほど持っていた。今は原爆資料館に寄付されています。僕はそれを全部見たんですよ。さすがだと思ったのは、NHKが募集した原爆の絵は、日時と場所が両方とも正しかった。正確でした。

ただし、添え書きとかもいっぱい書いてありましたけれども、そこはところどころおかしいところがあった。でも、もっともっと書けばいいのにと思って原爆資料館の人にもNHKの人にも言いました。「追加で、わからないところはちゃんと調べてあるのか」と。NHKはすぐに動いた。原爆資料館も調べた。だから今、徹底的に両方ともやっていると思います。

広島で1945年末までに亡くなった原爆犠牲者の14万人プラスマイナス1万人という数は、私の仲人、荒木武・広島市長が国連に報告なさった数字です。令和5年（2023年）6月現在、長崎と広島で原爆を受けて亡くなった人の数が約52万人（原爆死没者名簿の人数）です。

原子爆弾というのは、長崎と広島で50万を超える人が亡くなったんですから大変な爆弾だったと思います。広島のほうは、地元の新聞社さんが一生懸命、その点を研究されたらしいけども、東警察書に一番たくさん資料が集まった。

『広島原爆戦災誌』は、みなさん勉強なさっています。意外に正確に書いてあるなと思ったのは『広島県戦災史』です。こちらはずいぶん詳しく書いてあって、唯一、僕はもうちょっと勉強しなきゃいけないなと思ったのは、東警察署の資料です。死亡届は全部残っているんですけど、西署の死亡届はなくなっているんですよ。西署も東警察ほどじゃないにしても、随分たくさんの人が集まっているのに、記録がないんです。全部なくなっているんですよ。

あれが見つかったら、もっと詳しく調べることができる。14万人プラスマイナス1万人という数字は、荒木武先生が徹底的に研究なさって確認された数字です。あれはそれなりに尊重してほしいなあと思いますが、正確かどうかということは、ちょっと言いにくいと思います。

被爆死した米兵がいた

私は8歳の時、己斐国民学校に転校したから生き残ったことはこれまでにもお話ししてきました。それまでいた済美国民学校は全員亡くなりました。その当時は、済美がどうなったかは知らないのですが、後から調査を始めたときに知ったことですが、校長先生が書き残していたのです。「アメリカ人の遺体があった」と。それが被爆米兵の調査につながります。

それから、お腹がすいてひもじいから、己斐国民学校に行ったらむすびがもらえるぞと言うので行ってみたら、死体を処理していたのを目撃したこともすでにお話しした通りです。だからその数についてこだわっていたんです。それが38歳の時からの調査の始まりでした。

地元の調査から米兵の調査へ進んだきっかけは、隣家のおばあさんから聞いた「タロア号」の話でした。

自分の近くにアメリカの爆撃機が落ちてきたと、隣に住むおばあさんが言いました。

米軍の爆撃機が落ちてきた。

私はそれを聞きまして、「だって、そんな形跡はまったくないじゃないの」と思わず言った。するとおばあさんが、「うちに飛行機が墜落する前に、あの尾根を」と言って、西のほうを指して、「あの尾根を越えて、向こうに飛んで行った。自分のうちに落ちてきた爆撃機は、そこで操縦桿を上げたらしい」「飛行機が上がって、尾根を越えて向こうのほうに飛んで行った」と言いましたので、私はそこを歩いて探しに行きました。

徹底的に探した。

51軒探した。

山を越えて行きますと、お百姓さんが田んぼとか畑で農作業していました。

僕は言いました。

「おーい、ここへアメリカの飛行機が落ちてきたことを知っていますか?」

「おう、それはわしが一番よう知っとるぞ」

「わしは竹槍持って行った」

「私は鎌を持って行った」

「私は日本刀を持って行った」

と、まあ、次から次へ話をしてくれました。その中の1人は米兵が死んでいるのを見たと話しました。「何人おりましたか」と聞いたら、3人とも4人とも5人とも、一番多いのは「8人」

と言うのです。そこに女性が乗っていたと言う人もいました。僕はそんなことは絶対ないぞと思って、あとでアメリカに問い合わせました。アメリカの人は端正な顔の人が多かったから、たぶん女性と間違えたんじゃないかと今でも思うんですが、「女性は乗せていない」というのが、アメリカの正式な答えでした。

事実ははっきりしないけれども、とにかく飛行機が落ちて死んだ人もいるし、捕まった人もいるらしい。B24爆撃機タロア号です。全部で11人乗りでした。墜落で生き残って、原爆で死んだ人が3人、現場で飛行機と一緒に死んだ人が6人、それから、三菱の工場の屋根で死んだ人が1人。それから太田川（今の放水路）で死んだ人が1人。全部で11人が乗り組んでいました。

そこで先ほど言った話です。

私は、陸軍の済美国民学校に行きました。そこの校長が、第2次集団疎開に生徒を連れて行ったのが昭和20年8月5日でした。校長はもちろん助かったんですけれども、学校から連絡があって、校長に「学校が全滅した。すぐ帰ってくれ」という連絡があったらしい。校長は午後には帰りましたが、自分の学校が全壊しているところを見た。廃墟になっていた。その中に、なぜか1人の白人の遺体があったということを書き残していたんですよ。

僕は中国憲兵隊司令部を見ていた。自分の通っていた済美の学校の隣が、中国憲兵隊司令部でしたからね。米軍の捕虜たちが集められていたところです。

なぜ米兵について調べようと思ったのかと言いますとね、僕は爆弾が落ちてきたとき、恐怖に駆られて逃げだしました。本当に、死ぬのが怖かったのですよ。

だけど、アメリカ人は中国憲兵隊司令部で亡くなっていました。焼き殺されるか、中国憲兵隊司令部は頑丈な建物ですが木造でしたから、潰れて圧死したか、どちらかです。だから、自分の夫、あるいは自分の子どもが日本の広島上空で行方不明になったという知らせは、遺族のところには行ってはいましたけれども、それ以外のことは何も知らされていない。そして、しばらくしたら死んだというふうなことを遺族は聞いています。けれども、もっと詳しく知らせてほしいと随分言ったらしい。

だけど、誰もそれをやっていないから、ついにラジオで尋ね人をやった人がいた。うちの息子の誰々は広島上空で行方不明になっているけれど誰か知りませんかと。そしたら、マッカーサーが返事を出していましたよ。そういう手紙のやりとりを、僕は全部コピーですけどもらっています。だから、米兵遺族たちがどんなに大変だったか……。

メディアさんも全然、僕の話なんか歯牙《しが》にもかけなかった。広島に限らず、特にアメリカのほうはそうだった。だけどアメリカがなんと言おうと、飛行機が墜落していくのを、まさに子どもを親が見守るように、撃墜された飛行機の周りにアメリカの飛行機が付いていて、全部それを記録して報告していました。

それで、僕とアメリカの記録が違うということで僕は信用されなかったんだけど、その飛行機が落ちてからのことは、実際にそれを見た人のところへ僕は行っています。だから、飛行機が落ちるまではアメリカのほうが正しい。だけど落ちてからはこっちのもんだぞと、そう思った。アメリカ人がなんと言おうと、俺はそれを全部調べた人間だぞと。

僕はアメリカの人にそういう情報を教えるときに、もし間違ったことを言ったりしたら大変なことになると絶えず心に言い聞かせました。だから、膨大な時間をかけて、正確で多くの資料を東大図書館、大阪外国語大学図書館、それから外務省の外交史料館などで徹底的に調べました。俺が何十年もやれたのはそこを正確にやったからだと、そういう自負もありました。

自分の調査は正しいのか

38歳から調査は日曜、祝日に行いました。私が一番困ったのは、私がやっていることが正しいかどうかがわからないことなんですよ。資料がないし、指導してくれる人ももちろんおりませんし。私は素人ですから、資料もお金も何もない人間ですから、自分がやっていることが正しいかどうかわからなかった。

いろいろなことを調べてたくさんの人の話を聞くんだけども、その人が言っていることが正しいかどうかもわからない。これが一番困ったことでした。

そこでヒントになったのは立花隆（ジャーナリスト、評論家）だった。立花隆は、自分で新しいことを始めたのではなくて、田中角栄を追い込んだのは今まで新聞や雑誌に出たもの、それから論文になったものなど、ありとあらゆるものを全部調べたんです。そこでわかったことを突きつけた。僕はそれを知ってね。「そうだ！　自分は新しいものを調べようと思ってもできやしない、その能力もないし、お金もない。だけど新聞を調べることはできるぞ」と思って、日本の新聞を全部調べた。週刊誌に載ったものは全部調べた。

どうして調べたと思いますか。県立図書館に行ったり、中央図書館に行ったりして、新聞は朝日、毎日、日経とかの縮刷版を全部調べるわけです。全部見るのにものすごい時間がかかった。その中に週刊誌の広告が載っているでしょう。あれを見るんですよ。そして県立図書館を通して国立国会図書館にその週刊誌を請求するんです。そうして、返ってくるものを見せてもらった。

ただしお金が随分かかって、コピーが1ページ170円ぐらいかかったけれども、ずっとそれをやっていた。英字新聞「マイアミ・ヘラルド」とか「ボストン・グローブ」なんかも手に入れて読んでいくんですよ。そう簡単ではないですよ。だいたい語学力が必要。普通の語学力じゃダメだけど、でも必死でやった。

そのために7冊辞書を買い替えました。専門家が相手だから専門書も買い集めた。そういうことをずっと、やってやってやりまくっていた。

なぜそこまでやったかと言いますとね、アメリカの新聞記者や大学から僕に電話があったんです。「レーガン大統領の草稿についてあなたは書いているけど、レーガン図書館に問い合わせたら、その時にレーガン大統領はいなかったという返事をもらった。あなたが書いたことは間違いじゃないか」と言ってきましたよ（第4章）。

僕はびっくりしました。僕は勝手にストーリーを作ったんじゃないですよ。アメリカの機関紙を入手して、それを見て書いたんです。その機関紙は、購読者が4200人いたんです。レーガン大統領が被爆死した米兵の慰霊の言葉を載せていた。その草稿を私が本に出した。それを違うと相手は言ってきたんですけどね。あのときは悩みました。

裏も取って、自信を持って記したものだとしても、そう簡単にはいかなかった。アメリカの大学の教授が言ってくるのはそれなりの理由があるんだろうと思った。負けるもんかと思った。

僕がやっていることはね、金儲けじゃないんですよ。

真実を遺族に知らせたいからやってきたんです。

「それを否定されてたまるか。絶対にそうじゃないということを証明してみせるぞ」と思いました。そのために、僕は米兵遺族にあたった。遺族は自分もその慰霊祭に出席していたと言っていた。レーガン大統領のスピーチを聞いていたんです。僕が裏を取った瞬間ですよ。僕は涙が出た。そういうことを、ずっと続けてきたんですよ。

墓石の中に十字架

僕は毎年8月6日の午前8時15分に花束を持って1人で、自分でつくった慰霊碑に行って、花束を捧げてお祈りしています。僕がアメリカに行ったとき、「被爆で死んだアメリカ人は全員英雄だ」と言いましたら、遺族全員が立ち上がった。そして、僕のほうを見てものすごい拍手。アメリカは自国の被爆者がいたことはずっと触れないできた。だから遺族の方たちは本当に報われたんだと思います。

慰霊祭をやるときに、私は何も持ってないので死んだ米兵の遺影がほしかったんです。メディアさんに写真を持っているのなら、貸してくれと言ったんだけど、どうしても貸してくれないんですよ。だからね、それなら俺がやってやろうとムキになりましてね。だって、写真をくれといったのではなく、目的は慰霊祭をやるために貸してくれと言ったんです。でも貸してくれませんでした。とにかく貸せないという現実。それならと思って僕は、広島ばかりでなく、長崎でも死んだ連合軍の捕虜、いま名前が登録されているのは、全部僕がやりました。

12人のうち遺骨が戻った米兵は、ラルフ・ニールとノーマン・ブリセットです。広島競輪場（広島市南区宇品《うじな》海岸）の前に墓が2つあったんですよ。1人がニール、1人がブリセットですが、これはちゃんとアメリカに帰っていました。私がアメリカに行ったとき墓参りしました。

昭和20年9月2日にミズーリ号で降伏調印式が行われました。それが済んだらすぐアメリカ軍が来た。そして、米兵に関係した憲兵、警察官を全部呼び出したそうです。そして、この墓標の下を徹底的に土を拾って持って帰ったということなんです。

国前寺《こくぜんじ》というのが広島駅の北側にあります。ここに2人ほど死んだ米兵が葬られていました。1人は、三菱の工場の屋根の上で捕まった人です。もう1人は、太田川放水路の草津の沖で死んだ米兵です。この2人が国前寺に葬られておりまして、墓石がある中で唯一、十字架がありました。アメリカのほうでは指紋を採ろうとしたらしいけれども、指紋を採れなかったと教えてくれた人が言っていました。僕は横浜まで行って調べたけれど、残念ながら名前がわからなかった。

カートライト機長

米軍B24爆撃機「ロンサムレディー号」が撃たれたのは、呉の戦艦「榛名」を攻撃しに来たときです。被弾して、煙を噴きながら落ちてきたのですが、飛行機が落ちたのは柳井の伊陸《いかち》という場所です。みんなパラシュートで飛行機から逃れて全員助かったのですが、トーマス・カートライトは機長でしたから、捕まえられて、戦後ずっと留置されておりました。

この方と私は仲良くなりました。

カートライトは「自分は牢獄に入れられているが、もし生きてアメリカに帰ったならば、馬鹿な戦争なんかもうこりごりだから、人類の役に立つことに携わりたい」と思ったといいます。そして、カートライトは高校しか出ていなかったけども、アメリカに帰って大学に行き、さらに大学院に行って博士号をとって農学博士になった。テキサス州の農場主になり、遺伝子研究をされて大学院の先生になった。人類の役に立つ仕事に一生就きたいとアメリカを代表する肉牛の改良の第一人者になられたそうですよ。

広島に来られたときに自分の息子を連れてこられて、その息子さんに、平和というのは子々孫々まで実行させなきゃいけないと、つくづくおっしゃっていました。

私との何十通にもわたる手紙のやりとりで、平和がいかに大切かということを私たちは学びました。そして、戦争はいかに多くの悪い影響を及ぼすかということを知りまして、これからもずっと平和を続けるために、戦争の愚かさを、自分たちの子孫に申し伝えなければいけないというふうにおっしゃっていました。

私はつねにそれを肝に銘じておりますから、オバマ大統領にお会いしたときも、カートライトさんの写真を持って行きました。この間、エマニュエル駐日大使に会ったときも、これを持って行きました。平和というものは人に教えられるものではなくて、自分で作り出さなければいけないし、それを実行したいと思っています。

アトキンソン軍曹

米軍が原爆投下の目標にした相生橋で被爆死したヒュー・アトキンソン軍曹の娘さんも同じだと思います。25歳で広島で被爆死したお父さんのことを知りたい、本当のことを知りたいというのが、子どもとして、あるいは親としての願いです。真実を知りたい。そこが原点です。

アトキンソンさんの遺族――お孫さんも医学者として知りたいと言ってきたのです。

戦争がずっと尾を引いている。一番大きな悲劇ですよ。だから僕は長崎の人にも言いたいんだけれども、長崎で死んだオランダ兵――捕虜収容所の隊長ですけども、この人が、落ちてきた屋根か天井かに頭を挟まれて、4日間ほど弟のひざの上で介抱されたんですけども、ついに亡くなった。そのすさまじい話を僕は手紙で知ったんです。このオルダース大尉は20世紀を代表する一番の悲劇の中心人物だと僕は思った。広島ではアトキンソンがその象徴だと思った。

長崎と広島の象徴である2人がどんなに苦しんで死んだかということを、みなさんに知ってもらったら、絶対に「戦争が悪い」なんて言葉で言うよりも伝わると思う。

昭和30年（1955年）時点では、のちの原爆ドームの中にいた人は、報道によると全員即死ということになっていたけれども、実は生きていた。ここで仕事をしていた人が、川縁に這い出てきて、しばらく生きていたんですよ、アメリカ人と一緒に。その後亡くなったということがわかりました。それを見たのは自転車屋の店主です。その人が川縁を掘って土葬したんです。

這い出た人はみんな生きていた。それで米兵を見ていた。このことは、広島別院のお坊さんが僕に教えてくれたんです。広島県の三原《みはら》のお寺の方が、広島別院に輪番さんになって来られて、2年のうちにそれを掘り出して、荼毘《だび》に付してお経をあげて、原爆供養塔に持って行って、その中で日本人と一緒になったんです。

広島市としたら、あまりにもたくさんの人が遺骨を持ってくるものだから、もう一回焼き直して、量をうんと減らして、昭和30年に奉納したということです。僕はアトキンソンの遺族に骨を送り返したいから、それがほしいと言ったら、日本人とアメリカ人が全部一緒になってしまっているからできないということでした。

遺骨は無理だけども、洋服とか靴とか、そういう遺品はまだあるということがわかりまして、それをもらって送り返そうと思っていたんですよ。そしたら、それ持っていた人が、あまりにも汚いから全部捨ててしまったと言って……。

それを持っていたのは、今、少し前に触れた相生橋付近の自転車屋のご亭主でした。それが1970年、毎日新聞に載っていました。その自転車屋さんはすぐ亡くなったものですから、その奥さんが原爆供養塔を指さして、「ここに米兵が眠っているんだ」と。洋服とか靴とかがまだうちにありますと新聞に出ていたので僕は調べました。ようやくこの奥さんと連絡がついたのですが。そういうわけですでに捨てられてしまっていた。

アトキンソンの遺族には、遺骨も遺品もお送りすることはできませんと手紙を書いたら、ぱたっと手紙が来なくなった。それでも僕は手紙を出し続けた。14年間出したんですよ。

そして、15年目。忘れもしません。手紙をくれました。

そういうふうな経緯があったものですから、是非この人を供養することによって、戦争の悲惨さを世の中に訴えたらどうかなと僕は思ったんです。遺族は逆に、相生橋で上半身裸になって後ろ手にくくられて石を投げられている有名な絵が、また報道されたらたまったものではないから、そういうことになるのなら、日本には行きませんと言ってきていました。

◇

佳代子氏　目撃者がかなりいましてね。それで被爆の実相の絵を描いていらっしゃる人が何人もいます。現物は見ることができないんですけど、割合とアトキンソンさんに対しては知っている方がかなりいる。確かに、ご遺族のおっしゃるとおり、77年前のことを、ましてや12名の被爆米兵の中で一番悲惨な亡くなり方をしているということだからね、それはご遺族としては当然でしょう。遺骨も遺品もなく、思い出しかないのに、それだって悲惨な思い出ですからね。

供養塔の中に混ざって眠ってらっしゃる。そこへお参りしたいというのも、よくわかるんですよね。でも私たちとしては、アトキンソンさんを別院で慰霊したい。しかも別院の輪番さんが1947年に掘り起こして荼毘に付して供養塔に納骨された。そのときはまだアトキンソンという名前はわかってないんですよ。ただアメリカ人ということだけ。それはずっと追跡調査してわかったことなんです。

◇

今回、アトキンソンのご家族、お孫さんと話をした結果、その人は医学博士になっていました。その人が、僕のような素人ではなくて、放射線影響研究所の英語が大変流暢な博士に頼んで、放影研が持っている資料に基づいて、爆心地からこのぐらいの距離の人はどういうふうになって死んだとかいうことを詳しく問い、我々外部の者は入れないで、じかに話をさせてくれということを言ってきたので、それでいいと言ったらＯＫがとれましてね。

◇

佳代子氏　科学的な説明に至る事実は、中国憲兵隊から相生橋に連れて来た警察官の証言があるんですよね。それで、いろいろな人や見た方たちが絵に描いていらっしゃるのは、縛られて石を投げられたというものなんです。そういう絵が実際に描かれているんだけども、そうじゃなくって2日後に亡くなったのは、明らかに放射線の影響です。確かに、中国憲兵隊司令部から約４００メートルの、ましてや爆心地、相生橋に連れてこられたら、もう高濃度の放射線の中に置かれたということで、いわゆる虐殺されたのではなくて、放射能が原因で亡くなった。8時15分の時は中国憲兵隊にいて、そこから相生橋になぜ連れてこられたかというと、逃げてきたわけではないんです。連れてこられた。それはあそこの川から船で宇品の憲兵隊に移送されるところだったのが、引き潮で船が上がってこられないのと同時に、川がご遺体で埋まっている。そういう状態で、結局は宇品へ連れて行けなかった。そういう裏事情が、それも証言がとれているんですけどね。

幸い、僕はアトキンソンを実際に連れてきた憲兵が書いた15枚の原稿用紙を持っているんです。もちろんコピーですけど、憲兵本人が書いたものだから正確なものです。

新聞には、虐殺したとかいい加減なことがたくさん書いてあるけども、とんでもないと。

「1945年8月6日午後4時、中国憲兵隊から相生橋にアトキンソンを連れて行ったのは俺だ。そして、翌日まで縛っておった。指一本、誰にも、捕虜を触ったりすることを許してないのに、なぜこんなでたらめを書くんか」と言うてね。こうした証言は全部僕が持っていますからね。

◇

もう一つ、あそこで亡くなる前に、警察官が相生橋にテントを張りましてね。それで、署長ともう1人の方の2人で臨時の警察署をつくった。そうしたら、水を求めてアメリカ人が這っておりてきたという話があります。その警察官は誰かということも突き止めました。その人の名刺も持っています。

カートライトさんが日本に来たとき、その警察官に、自分が水をあげたんだということを証言してもらったら、カートライトさんは、自分の部下6人は広島で死んで、原爆で死んだことにされているけれども本当は全員処刑されたんだろうと思っていたそうです。だが、そうじゃなかった。水をあげた人が実際に会って通訳を介して話したところ、ようやく納得してくれました。「ああ、それはよかった。自分は本当に、部下たちが全員処刑されたとばっかり思っていて、とても気にしていた」と言いましたよ。

それから、アトキンソンが死んでいるのを見た写真屋がおりましてね。その写真屋が、どういう状況だったのかというのを僕に話をしてくれました。本職のカメラマンが言うことを、実際に書いてほしいと言って、筆で書いてもらった。今、僕、持っていますよ。

◇

佳代子氏　アメリカ兵のご遺骨、それから広島の人たちが一緒に埋葬されているということを、私も気がつかなかったんだけどもね。そしたらこの間、輪番さんとお話をする中で輪番さんがおっしゃったのは、原爆を落としたアメリカの兵士も、被害を受けた日本人、広島の被爆者が、一緒におるということをよしと思われない方もある。2016年に大統領が見えたとき、2通りの意見がありましたでしょ。謝罪しろという。

供養塔のご遺骨一つでも、そういう見方をする人があるから、誰がお参りしてもいい供養塔なんだけれども、それもひそかに、アトキンソンさんのご遺族がお参りなさる分は別に構わないけども、そこを報道されるといろいろな受け止め方があるということ。そういう意味では、メディアさんの影響って大きいんです。

◇

エバさんというのはアトキンソンの奥さん。シャロンさんというのは娘さん。そのシャロンさんが今回来るんです（第4章）。

相生橋というのが、原爆がそこを狙って落としたところで、ある意味、象徴的です。

◇

佳代子氏　長崎を調べていたら、長崎も橋を投下目標にしていた。長崎にも何回か行っていろいろな人から話を聞いたらね、長崎で有名な神社がありますでしょ。おすわ（諏訪）さん。諏訪神社。あそこの近くの橋が投下目標だったそうです。それが気象状況によって、はっきり見えない。だから、長崎は諏訪神社の橋が目標だったけれど、はっきり見えないから、北に飛んでいって浦上《うらかみ》になったと聞きましたよ。だからかなり離れていますよね。諏訪神社と浦上といったら地理的にね。これは蛇足ですけど、それを聞いて私が驚いたのは、本来なら諏訪神社のほうだけど浦上に投下されたということは、おすわさんのたたりじゃって聞いてね。びっくりしたんですよ、私は。

要は日本には本来の宗教があるのに、浦上は外国の宗教、キリスト教を受け入れて、だからそこを狙われたっていうとらえ方。それを聞いて、長崎の中でもそういう対立や偏見があるんだなと思いました。だから橋というのは目標になりやすい、それは思いましたね。戦争というものが社会を分断する、それはありますね。

第3章　オバマ大統領広島訪問

「核保有国として、核兵器を使用したことがある唯一の核保有国として、米国は行動する道義的責任を持っています」。「核兵器なき世界」を提唱した２００９年４月のプラハ演説で、米国のバラク・オバマ大統領（当時）はそう述べた。さらに時をさかのぼれば、第２次世界大戦が終わりを迎えつつあった１９４５年８月６日、米軍のＢ29戦略爆撃機が広島に原爆を投下した。人類が初めて核兵器を生身の人間に使用した瞬間だった。ソ連が旧満州に侵攻した８月９日には、長崎にも米軍は原爆を投下する。戦時に核兵器が使われたのは、今のところこれが最後だ。その後、実際に核兵器を使用した米国の現職大統領が被爆地を訪れるまでに、71年を要した。

「それが、私たちが広島を訪れる理由です」。２０１６年５月27日夕、現職の米国大統領として初めて被爆地・広島を訪れたオバマ大統領は、平和記念公園での17分間の演説の中で、被爆地に立つことの意味をこう説いた。「私たちが愛する人のことを考えるためです。朝起きて最初に見る私たちの子どもたちの笑顔や、食卓でそっと手に触れる伴侶の優しさ、親からの心安らぐ抱擁のことを考えるためです。私たちはそうしたことを思い浮かべ、71年前、同じ大切な時間がここにあったということを知ることができるのです」

被爆地を訪れることは、改めて自分の日常を振り返り、平和を自分事として考えることだと問いかけた。そして、人類が道義的に目覚める必要があると締めくくった。オバマ氏はこの広島演説の中で、固有名詞こそ出さなかったが、被爆者で米兵捕虜の研究を続けてきた森重昭氏に触れている。「この地で殺された米国人たちの家族を探し出した男性がいました。なぜなら、この男性は彼らの喪失は自分たちの喪失と等しいと信じていたからです」と。それは演説が終わった直後のことだった。被爆者の坪井直《すなお》氏（２０２１年没）と握手をしながら声を交わしたオバマ氏は、今度は森氏のところに歩み寄った。そして、感極まって言葉が出てこない森氏を抱き寄せたのだ。思いも寄らぬ形で２人が「ハグ」する姿は、世界に配信された。

予想外の対面

オバマ大統領は事前に私には何もおっしゃっておりませんし、もちろん、当日の、その時まで私は何も知らなかった。ただ、僕は、苦労に苦労に苦労を重ねて、必死になってアメリカ人の遺族を探したんですから、その苦しかった思いが頭に浮かんだ。

大統領のおかげで、大統領と話をする機会を僕はもらったから、本当は何がしかの話をしたかったんだけれどもとっさに全部忘れてしまいました。苦しかったことを思い出して、まさに涙ぐんだところを大統領はご覧になって、僕の背中に長い手を伸ばして自分のほうに抱き寄せてくださった。結局なんにもおっしゃらない。私もなんにも言わない。

（無言の抱擁という）この表現だけです。

何十秒の間のことだったと思います。でも僕は、誰がなんと言おうと、あれで良かったと思います。あれを見てみんな何を考えたかは一人一人違うと思うけども、それでいいと思う。

どれだけ大変なことを僕はやってきたかと思ったけど、遺族はもっと大変だった。アメリカのほうとすれば、自国の兵器によって自国の兵士が命を落としたことを思い出したわけですからね。

いろいろな人が、いろいろなことを考えるけども、それはそれぞれの人が考えればいいことです。僕はこの写真（次ページ）は平和の象徴だと思っていますよ。それがすべてを物語っています。

言葉が出なかった。いろいろなメディアさんがいろいろなことを書いたりしていた。僕の口元を読唇術で読んだといって書いたところが1社ありましたけど、あれ、違うんですよ。

◇

佳代子氏　もう胸がいっぱいで、もう言葉にならなかった。夫の顔を見たときに涙があふれちゃって、その涙を見た大統領が夫を抱きかかえた。夫の名前は出てきませんが、大統領の演説の中で触れられているから（173ページ）、それを聞いて胸がいっぱいになって……。事前には何の説明もなかったから。坪井直さんは1週間ぐらい前から、オバマ大統領から招待を受けたとニュースでずっと言っていらしたんですよ。そしたら3日前に、大阪の領事館から電話が入った。この電話は私が取りましたからね。そしたら、「この電話は森重昭さんですか」とおっしゃるから、「はいそうです」と答えたら、電話が切れたの。何だろうねと思いました。用件おっしゃるから。それで、次の日に「こちらアメリカ大使館です」と電話があったんです。それが2日前。「オバマ大統領が慰霊碑に献花され

被爆者の森重昭さんを抱き寄せるオバマ大統領（2016年5月27日、広島市の平和記念公園）＝高橋雄大撮影

るときに、出席してくださいますか」と一方的に言って。たまたま記者さんがうちに詰めていましたが、ちょうど台所の電話でした。それでこの人（重昭氏）がちょうどそこに来たんですよ。それで電話を代わってもらったんです。

◇

僕は、ウイズ・プレジャー（with pleasure＝喜んで）と言って、ただそれだけです。

◇

佳代子氏　電話を切ったあと、「献花ゆうたらどうするんかって」と私に聞くんです。たった今、「with pleasure」と答えたばかりなのに。こっちにはまだ記者さんがいらっしゃるから声に出して言えないです。記者さんからは「連絡ありましたか」と聞かれるから、「いいえ」。そしたら質問が「連絡ありましたでしょ」に言葉が代わるんです。だから全部、「いいえ」で通しました。前日には、「明日何時にどこに来てください」と電話があって記者さんから「絶対（参列するよう招待が）あったでしょう」と言われても、「いいえ」で通しました。

大統領が伊勢志摩のＧ７で来日した時も、まだ広島に来るとは発表されていませんでした。それをプッシュされたのが、当時の駐日大使のキャロライン・ケネディさんです。とっても信仰のあつい方で、キャロラインさんとも接点があったのが、「ペーパーランタン」(森重昭氏の活動を伝えるアメリカのドキュメンタリー映画「灯籠流し」)のプロデューサーのピーター・グリーリさんです。親日協会の東のほうの代表(ボストン日本協会の名誉会長)をしていらした方です。

東大を出てハーバードを出たその人が、キャロラインさんと接点があった。初めての上映会が2016年4月、東京の国際文化会館でありました。そこに呼ばれて行きました。駐車場の車が大使館のナンバーです。その時には、彼女は見えませんでした。そしたらピーター・グリーリさんが、「ペーパーランタン」のDVDを今から大使館のケネディさんのところへ持って行くとおっしゃったんですよ、朝お会いした時にね。だから、この映画をキャロラインさんも大統領も見ていらっしゃる。

オバマさんは伊勢志摩から内々は決心していらしたんでしょうけど、ぎりぎりになってから広島に行くという話になりました。だから岩国基地から西飛行場に降りるというコースも準備されていたんでしょうね。それで前日に言われたとおり、指定された場所に行きました。

アメリカ大使館にご招待を受けた人たちがホテルの一室にすでに集まってらっしゃいま

した。みなさん喪服スタイルで、キャロライン・ケネディさんも黒のワンピースでした。でも私たち夫婦だけ、あの浮いたスタイルで。式典で大統領と対面するなんて夢にも思わないから、私たち夫婦だけ明るい色の服でした。私、しまったーと思いました。だけど今さら家に着替えに帰るわけにもいかないから。みなさん、ダークスーツ。坪井さんもダークスーツです。ブルーのような薄いグレーのようなスーツは、本当に私たち夫婦だけでした。でも見方によってはあれでよかったよって言ってもらったので私も胸をなで下ろしたけれど、本当に一瞬「しまった」と思いました。あれからああいう式に出るとき、服装は気を遣います。

とにかく、この人が何十年もやって来たこと、原爆を落とされて真剣に調べてきたことが大統領に認められたということですから、2人ともありがとうございますという気持ちでした。

ケネディ大統領

オバマさんについては、「謝罪すべき」という問題を言ったら、やっぱり来られなかったと思います。オバマさんが広島に来ないことのほうがデメリットは大きい。だけど、一番力を尽くしてくれたのはキャロライン・ケネディさんですよ。

彼女を突き動かしたのは、魚雷艇の艇長だったお父さんの（ジョン・F・）ケネディ大統領です。日本軍の駆逐艦によって魚雷艇に突っ込んでこられて、沈没しています。みんな漂流して全員があっぷあっぷしておったときに、ケネディ艇長がみんなに「頑張れ」と声をかけて、「まもなく救助が来るからなんとかここで生き残ろう」と言って、励ましに励まして生き残ったんですよ。そのことを書いたのが、（ジャーナリストで小説家の）ジョン・ハーシーです。だから世界で有名になった。

キャロラインさんは日本人に対していろいろなことを知っていましたね。いい印象を持っていた。他の人は僕を推薦するのはあんまり好みじゃなかったらしいけれども、彼女はそれを押し切って、大統領に言ってくださった。2022年4月、僕にメールをくださいました。「元気でやっていますか」「コロナで大変でしょうけども頑張ってください」と言ってね。びっくり仰天しました。そういう人でした。

第4章　慰霊の半生

森重昭氏は、地道に手弁当で調べて来たことが、やっとオバマ大統領によって報われた。しかし、それがゴールでは決してなかった。森氏は2023年春、33年間背負ってきた大きな宿題を成し遂げた。ロンサムレディー号の乗組員で、被爆死したアトキンソン軍曹の遺族を広島に招き、追悼供養を営んだのだ。

アトキンソン軍曹は9人の乗組員のうちの通信士を務めていた。弱冠25歳だった。彼はまさに、米軍が原爆の投下目標にしたT字型の相生橋の上で息絶えた。森氏は、彼が20世紀を代表する悲劇の人物に思えた。彼の最期をみたという目撃証言や、遺骨を埋葬したという関係者を追跡調査し、真実を知りたいという遺族に、娘のシャロン氏に、文通を重ねて詳細を伝えてきた。アトキンソン軍曹の遺骨は今、原爆供養塔にある。しかし、他の犠牲者の遺骨と混じっていて分けることはできない。遺骨も遺品も返せないと手紙を送ったら、ぱたっと返事が来なくなった。それでも14年間、森さんは手紙を出し続けた。そして、15年目にやっと返事が来た。森氏の熱意が伝わったのである。

新型コロナが落ち着いた2023年3月、シャロン氏ら遺族4人を広島に招き、アトキンソン氏の追悼供養が実現した。「これが私の集大成です」。森氏はそう振り返る。

同年6月、遺族4人から直筆の手紙と、広島滞在時に撮った写真のアルバム製本が届いた。4人がそれぞれ記した手書きの英文は、感謝の言葉に満ちていた。それらは森夫妻にとってかけがえのない宝物となった。

一通の手紙

実は、去年（2022年）の春、4月10日だったと思うんですけど、突然、手紙が私のところに送られてきたんです。去年ですよ、いいですか。

差出人のところを見たら、ジェームズ・ライアンという名前が書いてあった。

8月6日に被爆死した米兵の名前なんですよ。

だから僕は最初、ふざけて誰かが、僕がこういう被爆死した米兵の調査をやっているから送ってきたのかなあと、ちょっと思ったぐらいです。

それに、被爆死した米兵と同じ名前だけども、その遺族とは僕は今まで一度もコンタクトをとったことがないから、なんでかなと訝《いぶか》りながら読んでみたら、なんと、被爆死した米兵、ジェームズ・ライアンの甥《おい》からでした。

原爆投下で12人の米兵が被爆死しているんですけども、その中に、被爆死したのが叔父で、その甥が、叔父さんと同じ名前を付けられた、という人たちが2人おりました。

それから、彼らが乗ってきた飛行機のカートライト機長は、当時、尋問のために東京に連行されていましたから、幸い、被爆死しないで生き残ってアメリカへ帰ったんです。その人も、長男に自分と同じ名前を付けていました。

被爆死した米兵家族の証言を、私はあとから知ったんですけども、みなさんとても評判の良い方だったらしい。B24爆撃機「ロンサムレディー号」のジェームズ・ライアン少尉、そしてラルフ・ニール軍曹の甥も、叔父と同じ名前で、いま現在も生きているんですよ。

被爆死から、まもなく80年になるというのに、亡くなった米兵家庭の中では、今も彼らを忘れず大切に思って、その名前を甥や子どもが受け継いでいる。一字一句変わらない名前を付けているのです。

最初の話に戻って、私のところに届いたジェームズ・ライアンからの手紙には、こう書かれていました。

「私は、ジムおじさんから名前を与えられました」

死んだ米兵（ジェームズ・ライアン）のお兄さんがフランシス・ライアンというんですけど、その方から甥であるジェームズは、いろいろな話を聞いていたらしい。そして、被爆死した米兵の調査をしている日本人がいるらしいといって、僕に関する話を聞いていたそうです。そして、「あなたが調べてくれたジェームズ・ライアンは私の叔父である」と手紙に書いてあった。

これは感謝の手紙でした。

それを知って、僕はますます思いました。アメリカのライアン家にとって、被爆死というのは大変な悲劇でございました。それは過去の話ではないんですね。この手紙が来たのは去年のことです。ですから私が言いたいことは、こういう原爆の悲劇は今この瞬間も続いているということです。それぐらい根が深いんですよ。12人のうちの2人、そして、機長だった人も自分の長男に自分の名前をつけている。私は、死んだ米兵の遺族と今も交流が続いておりますから、そうしたことがわかります。

クリントン大統領から来た返事

2015年、ニールの甥は広島に来ました。追悼平和祈念館(国立広島原爆死没者追悼平和祈念館)に連れて行ったら、祈念館にあるコンピューターで自分の叔父について検索して、とても驚いていました。僕(重昭氏)が話していたのと同じことが出てくる! と言って。それもそのはずで、被爆死した米兵の名前や遺影を僕が登録するとき、彼らが見つかった状況や僕の知っている範囲の話をしたら、祈念館の係員が一生懸命、全部英訳してコンピューターに入れてくれたからなんです。

◇

佳代子氏　追悼平和祈念館にはパソコンが何台かあります。あれで検索したら、どんな状況で見つかったかといったような話が英訳で出てきます。外国の方もたくさん見えるから、日本語と英語の説明と遺影がちゃんと出てくるんです。ニールさんが来られたのは戦後70年ですから、2015年でした。映画「ペーパーランタン」にもニールさんは出ていらっしゃいます。ちょうど被爆70年のときに、(三等兵曹だった)ノーマン・ブリセットさんとニールさんのご遺族が別々に見えたんですよ、ブリセットさんの姪《めい》御さんは3月、ニールさんの甥御さんは、ちょうど8月6日の式典。映画にはその場面が入っています。

◇

自宅の玄関に飾っていたランは、昨年いただいたものが今年も花を咲かせたんですけども、アメリカの人が贈ってくれました。チャールズ・バウムガートナー軍曹の遺族です。バウムガートナーというのはB24爆撃機「タロア号」に乗っていました。僕は、被爆死した米兵の遺族があまりにも見つからないから、最後に、アメリカの大統領に直接手紙を出してやれと思って、出したのが(ビル・)クリントンさんです。

すると、クリントンさんから返事が来ましてね、本人じゃなかったけど。「本人は忙しすぎて時間がないから代わりに連絡します」と言って高官からでした。その人を通して1人見つけたのが、バウムガートナーでした。その人のご遺族が、こうしてランを送ってきたんですよ。

佳代子氏　長い間にわたるこういうつながりが、普段からあるってことが、戦争の歯止めにもなると思いますよ。国と国とでは難しくてもね、やっぱり一人一人の、それこそ草の根のつながりなんじゃないでしょうかね。

◇

30余年の宿題

今、私がやろうとしていることは、原爆の投下目標になった相生橋で、米兵が1人死んでおりますので、その娘さんとお孫さんを広島に招くことです。

2021年の4月に来ることが決まっておったんですよ。ところが、コロナで来られなくなったので、許可が出た段階で来ていただいたらありがたいなあと思っています。

お住まいはワシントン州のシアトルです。来てもらって、ここ広島という現場で話をすることと、広島別院が寺をあげて、本願寺として追悼供養を全面的に協力したいと、すべての寺を総動員してでもやりたいと言ってくれています。

その米兵は、中国憲兵隊司令部で留置されて、相生橋まで連れてこられて、相生橋で亡くなったわけです。そういったことを現地で、娘さんとお孫さんと、お孫さんの子どもさん――高校生ですけども、その人たちの前で具体的な話をして、最後は、葬られている原爆供養塔に連れて行ってあげたい。

僕が一番力を入れたのは、2年間、相生橋のそばの原爆ドーム前の岸辺に埋められていた米兵のことです。広島別院の住職が、土葬されていた人を2年後に掘り出しましてね、日本人と一緒に焼いて、その骨を原爆供養塔に納めたんです。けれども、その時に広島市役所に届けていないので名前が載っていない。だから、それを届けたのは私なんですよ。

そういうふうにして、死んだ米兵の最期を、詳細にわたる話を、私が通訳を通していろいろ伝えようと思っています。このお孫さんというのは理科系の博士なんですよ。だからちょっとやそっとの話じゃなくて相当突っ込んで聞いてくると思うから、それは私ではなくて、放射線影響研究所の専門家に頼んで説明してもらいたいと思っているんです。

というのも、この米兵は、日本人から石を投げられて殺されたという言われ方がされていたんですが、実際はそうじゃなくて、爆心地から約400メートルしか離れていない所で大量の放射線を浴びていますから被爆死です。決して、なぶり殺されたのではなくて放射線が原因だということを話してもらおうと思っています。そして、丁々発止やるのは全部、博士同士、専門家同士で話をしてもらおうと一昨年は決めていた。ですから、もし来てくださるんだったら、ぜひそういうことをしたいなと思います。

15年目に来た返事

戦争はまだ続いているということです。

前にもお話ししました（第2章）が、これは本当につらいことでしたのでもう一度言います。原爆供養塔には骨壺がいっぱいありますが、中には、大きなたらいのような容器に入れられた骨がいっぱいあるんですよ。そこの一つに米兵のものがあって、僕がアメリカに送り返すから「ください」と言ったのですけども、市役所からは、「日本人とアメリカ人の骨が一緒になってしまったから特定できない。だからお返しできません」と断られたのです。

その代わり、靴とか洋服とかがあったから、それを持っていた人を突き止めたんです。それを返してもらってアメリカに送ってやろうと思っていたんだけど、その人から、あまりにも汚れていて汚いから全部ほかした（捨てた）と言われましてね。だからアメリカに送れなかったんです。約束したんだけど、「お返しできません」と手紙を書いたら、遺族が怒ったと思うんですね、たぶん。返事をくれなかった。

だけど僕は手紙を出し続けた。

14年間出し続けました。そして、15年目にね、返事が来ましたよ。「私は今年で小学校の先生を定年になったから、これで仕事は終わります」というようなことが書いてあって写真を付けて送ってくれました。

こういうことはアメリカ人ばかりじゃないんですよ。オランダ人で長崎で被爆死した人がいるとわかってから20年ずっと追究したのですけど、どうしても遺族が被爆死したことを登録することにOKしてくれないんです。

オランダの人だから英語ができると思っていたけど、オランダ語しかわからない人もいるらしい。それで、アムステルダムの「ロイヤル・コンセルトヘボウ」という有名な管弦楽団のバイオリニストに日本人がいるということを家内が突き止めてくれて、それでその人にお願いして、オランダ語で説得してもらったんですよ。それが20年目。ついに成功しまして。20年追いかけて、ついに遺族からOKをとって長崎に登録しました。あれはうれしかったですよ。

◇

佳代子氏　そこのバイオリニストが、私の友だちのお嬢さんというのは知っていたんですよ。それで、日本に演奏旅行でコンセルトヘボウが来たとき、その友だちは東京へコンサートに行ったりしていたんですが、そのバイオリニストのお母さんとも接点があるので、オランダ語のできる人がいないかしらと探したりもしました。ある時ふと、いま夏休みで帰って来ているから話してみようかと言われてそのタイミングをつかんで話をしたら、お手伝いしましょうとなって。だから、長い年月の間には、点々とあったようなことがいろいろつながっていくということです。簡単にはできないからと諦めてしまっていたら、それで終わっているところを折れないのはこの人（重昭氏）しかいない。

上半身裸になってケロイドを見せて

話が飛びますけどね、あの原爆供養塔をつくったのは、当時の広島市の助役です。自分の退職金を全部はたいて、原爆供養塔をつくったんですよ。だからあの人こそ、僕は名前を残してあげるべきだと思います。この人は、自分の娘が原爆で亡くなったので、毎朝4時に、井口のちょっと向こうの土手に行っては、娘の名前を海に向かって大声でおらんだ（叫んだ）というんですよ。だから、いろいろなところに、それぞれの思いがあるんですよ。

家内のお父さん（増村明一《めいいち》氏。広島市議を務めた）は、原爆手帳、要するに原爆医療法（被爆者援護法の前身）が国会を通過するのに大きく尽力しました。

当時の厚生省の役人が、「戦争で特別法をつくれとあなた方は言うけれども、東京大空襲、大阪大空襲、名古屋大空襲、みんなたくさんの人が亡くなっているのに、広島と長崎だけ特別な法律つくるわけにはいかん」と言って突っぱねた。口でいくら言っても役人は首を縦に振らなかったそうですよ。すると家内のお父さんが、厚生省の役人の前で上半身裸になって、被爆によるケロイドを見せてね。黒い石炭のようですから「これが原爆の恐ろしいところだ」「普通だったらけがをするだけで済むのに、こういうふうにケロイドになってずっと残る」と言った。あれは手術をして取り除いても、また出てくるんですよ。痛がゆいんですよ、ずうっと。

だから家内のお父さんが上半身裸になってケロイドをみんなの前で見せたら、みんな言葉でなく実際に見て、「これはやっぱり特別法をつくらないといけない」と思ったらしい。それで通ったんです。佐々木禎子《さだこ》さんのように、10年近くなんでもなかったのが白血病になって、たった1年6カ月で発病して亡くなったわけですからね。「そういうことが原爆では起こるんだぞ。それでも、東京や大阪と一緒だと思うのか」と言ったら、見ている役人がみな「おお！」と言ったそうです。

それで法案が国会を通過して、広島と長崎に送られて、議会を通過して、それで原爆手帳がみんなもらえるようになったんですよ。家内のお父さんは、原爆によるがんで亡くなったけども、自分がつくった法律の恩恵を受けずに、結局亡くなってしまった。

僕はあとからそれを知って、その話を後世に残せと言ったわけです。でも実際、義父の体を張った訴えがなかったら、われわれ被爆者は原爆手帳をもらえなかったですよ。浪花節と言われようと、あれはすごい話だったんですよ。

でも、原爆手帳ができたおかげで、ずいぶんたくさんの人が助かったんです。坪井直さんは、そういった苦しかったこと、自分たちが働きたくても働けない、だけども医者に行かなければならなくなったことを後世に書き残せと言いましてね。それを6千人ぐらいの人に言ったらしい。そうして101人の人が書いてくれたのが『空白の十年』（被爆体験記）ですよ。これは非売品です。坪井さんが一番言いたかったことはそういうことでした。

レーガン大統領の追悼式演説草稿

被爆死した米兵たちの追悼式（1985年6月27日）でレーガン大統領は演説したという話があります。そのときの演説草稿を僕が勝手につくったと言われたのですが、そうではないんです。どこで入手したかといいますと、「494爆撃隊」といって西日本を攻撃した4200人の退役軍人会があって、そこが機関紙を出していたんですよ。その機関紙の草稿を私がそっくりいただいた。すると、カリフォルニア大学バークレー校の教授から電話がありましてね。「あなたが書いているようにレーガン大統領がその日、慰霊祭に出たかどうか、レーガン図書館に連絡して調べた」というんですよ。そうしたら「レーガンが行った形跡はない。なぜあなたはそういうこと書いたのか」と連絡があった。でも、僕は、勝手につくったんじゃないぞと思った。すると、実際に慰霊祭に出席していた遺族が、レーガンが話した演説を聞いていましたよ。だからレーガン大統領の図書館といえども、彼に関するありとあらゆる記録があるとは限らんぞと納得しました。

カートライト氏の遺影

G7広島サミットを前に、トーマス・カートライト中尉が生きていたらどう言うか、聞いてみたかったですよ。僕は、講演の時もカートライトさんの遺影をいつも持って歩いて、一心同体なんです。彼の写真は遺族が後に送ってくれたものです。

カートライト氏は、「自分たちが死んだら遺骨は空中にまいてくれ、海にまいてくれ、散骨してくれ」と言い残したそうです。でも墓がないと、世界中から人が来てくれて何もないのは困るからと言うんで、最近、遺族がカートライト夫妻の墓をつくりました。僕がとてもうれしかったことです。

◇

佳代子氏　ご遺族にとってはね、やっぱりお墓、そしてご遺骨が手元に戻ることは大きな区切りになるんじゃないかなと思います。ヒュー・アトキンソンさんの場合は、娘さんがいらしてても、ご遺骨が渡されないのは、戦争をまだずうっと引きずっているということになるんじゃないかと思うんです。米兵に限らず、日本でもご遺骨が手元に帰ってない方がたくさんおられますものね。だから今だって、東南アジアのほうで亡くなったという方のご遺族がご遺骨の収集に行ってらっしゃるでしょ。戦争が続いているという思いが断ち切れないと思いますよ。だから、散骨したらと言うよりは、やはりお墓をつくってというのは、残された者の思いですよ。

伊陸の平和記念館

戦争末期に米軍機が墜落した柳井市伊陸《いかち》に、2022年、「伊陸ロンサムレディ号平和記念館」ができました。このことで、僕はピカソの描いた「ゲルニカ」を思い出します。ナチにあれだけスペインの人がやられていたことを、ああいう絵にしてピカソが描き残した。だけどもスペインの人がずっとそれを覚えているかと言えば、そういうわけではない。だから、「こういう悲劇があったんだ」ということを後世のスペインの人たちに知らせるためにあの絵を描いたんでしょ。それを世界中のメディアさんに頼んで発信したために、平和のシンボルとして世界中に広がって今残っているわけです。

この平和記念館は、被爆死した米兵と、生き残った元機長たちの調査を続けてきた僕らの交流にも触れて、戦争の悲劇を伝えるものですから、私とオバマ大統領の抱擁シーンを描いた油彩画（次ページ）を画家の才田峰風《ほうふう》さんから贈られましたが、僕個人が持っているよりも、飛行機が落ちたところに記念館をつくるのなら、そこに置いたほうがはるかにいい。そのほうが話題性もある。ピカソが考えたことを僕も同じように考えて、地元・伊陸の人も米軍機墜落という歴史を忘れている人がいっぱいいるらしいし、当時のことを知っている人はほとんど亡くなってしまっているから、ちょうどいい機会じゃないかと思いました。

その話をこの記念館をつくった武永昌徳さんにしたら、その油彩画をご覧になって、ぜひうちで頂きましょうということになり寄贈しました。それまでには柳井市長と相談して、市立図書館で公開することにもなったんですが、最終的にはうちに来られた市長が僕の話を聞いて、大変有意義なことだと合点された。絵を記念館に贈るときは、娘を嫁に出すような思いでした。

オバマ大統領との抱擁シーンを描いた油彩画「平和の兆し」（画・才田峰風さん）をはさむ森重昭さん（右）と妻・佳代子さん（2022年7月6日、広島市）＝副島英樹撮影

佳代子氏　あの絵があることが、記念館に命を吹き込むんだと思います。最初に武永さんから記念館をつくるという構想の話を聞いたので、この絵をうちに置いて飾っておくわけにいかないし、武永さんが私設で記念館をつくられるというので、そちらで展示してもらったほうが多くの人に見てもらえてそれが平和のメッセージになるんじゃないかと思いました。武永さんもすごく積極的な方だから、柳井市の市長さんとの接点を持たれて、記念館の開館までは市立図書館の1階に展示しましょうと言ってくださった。記念館ができあがってこういう形で納められました。

◇

ペーパーランタン

佳代子氏　伊陸にはニールさんともご一緒しました。ドキュメンタリー映画「ペーパーランタン」監督のバリー・フレシェットさん自身が、身近に被爆のことを知っているんです。彼のおじさんの親友がノーマン・ブリセットです。

広島で死んだ米兵を研究している森重昭っていうのが広島にいると知って、オバマ大統領が来る2016年の2年前、うちへ突然訪ねて見えたんですよ、一人で。その時にいろいろ話をして帰られて、1年後に再び、ブリセットの姪御さんを連れて見えた。今度は映画の撮影だといってカメラマンを連れてね。

ニールとブリセットが乗っていたのは、ともに呉を空襲するための飛行機でしたけど、別々の飛行機だったんですよ。ニールはロンサムレディー号、ブリセットは2人乗りのSB2Cで高知から飛んできて、撃墜されて日本で捕虜になった。だから同じ飛行機に乗っているわけじゃなかったんですよ。

2015年3月、まずブリセットの姪御さんが監督のバリーさんと一緒にいらした。いろいろ関連するところをご案内して一度帰国された。そうしたら7月末に、今度はニールの甥っ子さんを連れて来日された。同行取材をして、最後がちょうど被爆70年の年でした。慰霊祭に出て、最後が灯籠流し、「ペーパーランタン」というタイトル通り、8・6の晩に、元安川に灯籠を流すところで終わっている。そういうストーリーなんですね。

ニールとブリセットが別々の飛行機なのに、結局は同じ中国憲兵隊で取り調べを受けて、今のRCC（中国放送）の前ですが、そこに収容されて8月6日午前8時15分を迎えます。2人は広島城のお堀に飛び込んだんです。そして這い上がって憲兵隊に捕まっている絵を描いた人がいて、その絵をまた（重昭氏が）見つけたんですよ。その調査をずっとしていたから、これがニール、これがブリセットだということがだんだんわかった。中国憲兵隊は全部なくなって壊れているけども、宇品に連れて行くためにつかまっているよと。

今のマツダの宇品工場の中に陸軍の病院があって、今も建物が残っているんです。ちょうどブリセットのご遺族とニールの甥御さんがいらしたときには、門から中には入れませんでしたが、「あそこに見えるよ」と指で指したりした。

当時の宇品の憲兵隊長が、ご遺体をちゃんと埋めた墓に十字架を立てて、それが絵に描かれているし、写真が残っているのでそこへご案内しました。

今はすっかり変わっているけども、そこにちゃんと十字架が立って、花が供えてあったニールとブリセットのお墓です。

彼らは13日間生きたんですよ。最後は放射能の影響で、いわゆる原爆病で、とっても苦しんだんだそうです。それを米兵捕虜の人が証言しています。それをまた調べて、その証言をとっています。

だから今こうして話せば簡単みたいですけどね、まあどれだけ日にちをかけて、何年かけて調べたことか……。この人は、ほんと普通の人じゃできないこと、普通は諦めるんでしょうかね、絶対諦めない。その代わり周りが見えなくなるから……。それはもう、そういう人だと思っています。

果たせた宿題

佳代子氏　でもこの間、本当に一番感激したというか、思いの丈をつなげた、良かったなと思ったのが、アトキンソンのご遺族のことです。私は他人事じゃなかったんですよ。娘のシャロンさんは80歳で私と同い年。彼女は10月生まれ。私は7月。ちょっとだけ私がお姉さんねっていう話をしました。彼女はまだ3歳にならないときに、お父さんは25歳で亡くなっている。だからお母さんからいろいろ聞いているんです。

私だって父が――私は3歳になっていてまったく記憶はないんだけど、目の当たりにしているんですよ、ケロイドを。父は大やけどして帰ってきた。3歳上の兄はしっかり記憶があるから、いまだにトマトを食べません。大やけどの跡が、いわゆるウジ虫がわいて……とよく言われますよね。それを見ているから、兄はトマトを食べないんですよ。

ましてやシャロンさんは記憶などなく、そういう話を聞かされてもね。

アトキンソンさんは広島で25歳で亡くなっている。お母さんからお父さんのことをいろいろ聞かされている。それが、段々大きくなったら、やっぱり本当のことを知りたいと思いますよ。だから私は今回、彼女と出会って、本当に他人事でないなと思いました。同じように父親が被爆して、25歳で亡くなって、私の父は53歳で亡くなっているけど、がんで亡くなったということです。ケロイドがもちろん物語っているのだけども。

だからシャロンさんの77年間をずっと思い続けてきた、だから今回、少しでも真相を知ることができたのなら、その役に立ったのなら、よかったね、ご苦労様だね、と心から思いました。

本当のことを知りたい人に向けて、こちらが調査研究してきたことが少しでもお役に立つのなら、精いっぱいのおもてなしをしようということで、別院で追悼法要をしました。もちろんアメリカ人でいらっしゃるから浄土真宗じゃありませんよ。でも、実際にアトキンソンさんが埋められていたのを埋葬して荼毘に付してご遺骨にして供養塔に納骨なさったのは、別院の輪番(別院を統括する役職)さんですからね。そういうご縁があるんですよ、アトキンソンさんとは。そのときの輪番さんはもう亡くなっていますが、別院で供養して差し上げたいということで用意させていただいた。私はカトリックですけども、仏教の仏教賛歌を最後に歌いながら弾きました。

アトキンソンさんの追悼供養は2023年3月20日に行われました。20日に来られたとき、まず別院で供養をしてその後、平和記念公園や慰霊銘板(森氏が中国憲兵隊司令部跡の広島市中区基町のビル1階に設置した)にもご案内しました。来られたのはアトキンソンさんの娘のシャロンさんと、お孫さん、ひ孫さん2人の計4人でした。

3月18日にはジョージア工科大学の院生らを原爆供養塔にご案内致しました（プロローグ参照）。打ち合わせをするときに別院の輪番さんがおっしゃったことで気づかされたことがありました。

「原爆供養塔にはお父さんが眠っているんだから、当然お参りしますよね。もし供養塔に、取材が入って報道されたとき、日本人も広島の人も同じように供養塔に眠っています。日本人から見たときに、やっぱり被爆者の遺族から見たときに、アメリカ人が原爆を落とした、そのアメリカ人が同じ墓にいるのか！　ということになるかもしれない」

それを指摘されて、ああそうだなと思いました。

だから広島市が毎年、供養塔に眠っていらっしゃる人で、お名前が分かっている人だけは公表されますよね。わかっている人はご遺族に引き取ってほしいって。でも、ご遺族が亡くなっているケースも多いから、名前がわかっている人は、ああして公表される。だけど、アトキンソンさんや、名前がわからないご遺族が混ざってしまった人は、自分の身内が殺されたアメリカの兵士も一緒なんだということを、もし、被爆者やご遺族が調べたら、どんな気持ちになるのか。そう考えたら、やはりメディアさんが入らないでよかったなあという受け止め方です。だって、いまもね、「アメリカ憎し」とおっしゃいますよ。

そういう話をする一方で、僕は別の話したんですよ。なぜ、この供養塔は円墳の形をしているのかと。それは天皇陛下が葬られるときに使われたやり方だから、いまここに7万人の人が眠っているけれども、この人たちはすべて原爆の犠牲者で、死んだ後は天皇陛下と同じ形の墓に入れられているんだ、それだけみなさんアメリカ人も日本人もすべて英雄なんだと、声を大にして言いましたよ。そしたら、一生懸命聞いてくれた。僕は、これをつくった人はおそらくそういうことを考えてやったに違いないと思った。そういう話がずうっと続きましてね。

◇

これほどの悲劇はない

こういう話を最初にしました。ヒルトンホテルから広島別院に移動する時のタクシーの中で、通訳も入っていたから僕は、「アトキンソンは大きな金の指輪をはめていたのを知っていますか」と尋ねました。それを見た人がいるのを僕はちゃんと知っていましたから。そしたらなんと、シャロンさんはお母さん（エバ・アトキンソン）からそれを聞いたそうです。

そのとき、僕の話はいい加減な話じゃないぞと気づいたらしい。僕も、ああ、ここまで知っているんだったらお互いに話が通じるぞと思ったものです。そこで気持ちがまず合いました。「いい加減なことでアメリカから来たんじゃないぞ」と向こうは思ったようですけど、こっちも「これだけのことをして迎えるんだから、いい加減な気持ちじゃないぞ」ということがお互いにわかった瞬間でした。

アトキンソンの遺族は、あの原爆投下の目標になっていた相生橋や、埋められていた原爆ドーム前の川岸も巡ったんですよ。「見たい」「覚悟している」と。涙、涙でした。本当のことが知りたいと、33年前（1990年）にシャロンさんが初めて広島に来てから、行ってみたかったんですよ、ずっと。なにしろアトキンソンは、あの原爆投下目標の相生橋で亡くなったんです。これほどの悲劇はないんです。

最後に3時間半ほど、放射線影響研究所の博士に話をしてもらうことにしました。最初は英語と日本語でと思ったんだけども、全部英語で話をしてもらったら、4人の人たちが博士の顔に顔がぶつからんばかりに身を乗り出して必死に聞いてね。数字のうえでは大きな放射線を浴びているはずで死亡率も高い。それが死んだ原因だと断定できないのかと、何度も何度も尋ねていました。

それで最後に僕が、こういう手紙があるんだと言って見せたものがあります。それは、シャロンさん宛てに、実際にアトキンソンの最期を見た人が詳しく書いた、筆で書いた手紙です。

その英訳、「トゥー・ミセス・シャロン」と書いたものを彼女は、もう目が飛び出るんじゃないかというぐらい一生懸命見ましてね。

見送りした新幹線の駅のホームで、私が自分で英語で書いたものをシャロンさんはぱっと取りあげてね、持って帰りました。そこに一番大きく書いたのは何か。「あなたのお父さんは、今回あなた方4人が広島に来て供養してくれて、とっても喜んでいるに違いない、本当によく来てくれました、ありがとう」と。それを下手な英語で書いて、そのほかにもいっぱい書いて、それを持って帰られました。出発進行の車掌さんがいる前でシャロンさんが僕のところに来て、ものすごく喜んでくれた。僕の体を抱きしめて泣いた、泣いた。

そういえば僕は、33年前から彼女たちアメリカの遺族に手紙を出して出して出して出しまくって、返事が全然来なかったけども、それでも出し続けた。そうしたらそれを全部覚えていましたよ。全部持っていたらしい。だから今回、僕が苦労してやったことは決して間違ってなかった、やっぱり相手を人間として尊敬してあげてよかったと、そう思いました。自分がやってきたことは正しかったんだと、心の整理がつきました。僕の宿題の総決算でした。

◇

佳代子氏　ちょうどお彼岸だったから、私は春と秋のお彼岸は、おはぎ作るんですよ。

それこそ白小豆のあんでね。まあ、おはぎなんか初めて食べるんだろうけども、私の気持ちと思って「車中で食べてください」って。気持ちはわかってくれたかなあと思って4個わたしました。

◇

もう、車中から手がちぎれんばかりにね。みんな喜んでくれた。僕はそれを見てね、ああ、俺は、そういやこの人たちに、手紙をむちゃくちゃに出したけども、それが通じたと思ってね。うれしかったですよ。本当に。民間外交ができました。

◇

佳代子氏　コロナもおさまってよかった。ほんとそうです。だからそうやって対面で、供養に始まって、最後にお見送りもできて。そしたら今度はね、アメリカに来てくれって。サケ釣りに行こうって。お孫さん、ひ孫さんたちが。民間外交が強ければ強いほど戦争は起こりにくくなると私も思います。だからみんながね、やっぱり声を上げていかないといけない。本当に今回だけは、シャロンさんとは他人事ではなかったです。

タロア号のこと

もう1機墜落したタロア号ですが、その残骸の一部を自宅で手元に置いております。実は、タロア号の墜落現場の近所の人が、残骸を家に持って帰っていたんですよ。それは許されているどころか、日本の憲兵が、絶対にこれをみんな持って帰るなよと、強く言っていたんですよ。ところが、みんなこれを持って帰った。それでどうしたか。警察にどう処罰されるかわからないから天井裏に隠していた。そして、何十年もそのままにしていました。だけど捨てようにも、これをとってはいけないことはみんなが知っていますから、近所の人を通して、私が手に入れたんです。これをアメリカに送り返したいと思っています。

タロア号の破片は先日、アメリカに渡りました。エマニュエル駐日大使が広島に来られたときに、ランチに誘われて一緒に食事をしました。その時にタロア号の一部をお渡ししたんです。私とすれば、大使が自分の国の爆撃機の破片を受け取ってくださるかどうか、ちょっと不安だったんですけども、私のような民間人がアメリカの大使と一緒にお食事を同席するなんて考えたこともありませんし、実現することがわかったとき、なんとかこのチャンスをとらえて、アメリカに、自分の国を代表して戦って命を落としたアメリカ人が乗っていた飛行機の破片を、平和の鳩としてアメリカに帰ってほしいなと思ったのです。

もちろん、日本に飛んで来たときは、日本を攻撃するために来たアメリカの爆撃機だったわけですが、帰るときはせめて、平和の鳩になって帰ってほしい。それは、大使に託すのがいいんじゃないかと思ってお願いしたところ、気持ちよく受け取ってくださった。そして、今後これをどういうふうにしてアメリカ人に伝えるか、それをまた相談させてくださいとおっしゃったので、私は喜んで、ぜひお願いしますと申し上げた。

大使からの私に対する質問は、捕虜に関する話でございました。ウクライナの政治的な話は一切ありませんでした。私ももちろん、政治的な話はしないで、これは戦争の悲劇を象徴する破片ですから、アメリカの人たちにぜひ有効に役立ててほしいと大使に言いましたら、大使と奥さんと両方とも、とても好意的に私の話を聞いて、そして受け取ってくださった。

大きさは、私の手のひらと一緒でした。大切に受け取っていただいて、アメリカ大使館まで、大切に袋に入れておられましたから、今日は来てよかったなと思いました。

タロア号の破片の一つは、ルドルフ・フラナギンという人の遺族に送りました。そうしたら喜んでね。その破片を持った写真を撮って送ってくれました。プログラマーでした。フラナギン中尉は草津にパラシュートで降りてきて、漁民に竿《さお》でぶん殴られて死んだ人です。それを草津の教専寺というお寺で供養したんですよ。170人の人が出席してくれた。ご遺族は来なかったけども、後でその時あったことを全部書いて送りました。僕が書いたのではなくて、アメリカの記者さんが英語で書いてくれたのを送ったら、えらく喜ばれた。

だから僕に言わせたら、まだまだ悲劇は続いています。

アメリカも、本人ではもちろんないですけども、孫やひ孫は生きている。みなさんの中ではまだ戦争の傷は続いているんですよ。

第5章　戦争の傷は続いていく

人種も国籍も問わず、核というものはすべてを奪う。

ウクライナの事態を見て、森重昭氏は自分の体験を重ね合わせた。

「戦争なんていうことが起こったら、上司の命令で動かなきゃいけない。いつ死ぬか分からないような状況に、敵も味方もないなあと私はそう思いましたよ」

一刻も早い戦闘停止を願っている。

ウクライナ戦争

ウクライナの戦争のことはよくわからないけれども、テレビや新聞記事を見て、本当に涙が出そうになりました。ウクライナでは人びとが無残な殺され方をしていると報道されているではないですか。戦争はずっと続く。ウクライナであぁして毎日、たいへんな戦争が行われているのを僕は、テレビとか新聞で読むだけです。自分が実際に知っているわけではないんですね。でも、そこで何が起こっているかということは、自分の体験から言ってよくわかります。ウクライナで殺された人たちが次々と葬られているけども、みんな家族がいるんです。家族が生きておれば、それは大変なショックを受けて、戦争は早くやめてほしいと思っていらっしゃるに違いない。

戦争はみんなが思っているように、国と国が戦って、勝者と敗者が決まったところで、それは個人と国との問題ではないですからね。その家はずっと悲しみと苦しみが続くということです。

僕は被爆で亡くなった人を2300人も見た人間です。そしてその人たちの一部は、学校の校庭の桜の木の根元に埋められました。翌年の春、見たこともないぐらいの美しい桜が咲きました。こうした話は後世に残したいと思いましたけれども、校長先生が、「その話はやめてくれ。そんなことは言わないでほしい」とおっしゃった。それからその話はやめましたけれども、やっぱりこういうことが二度と起こらないようにしよう思って、学校で死んだ人の数を数えた人を探し回るようになりました。

原爆を実際に自分が体験して、みんなが必死になって逃げるところを見ていますから、己斐国民学校で遺体が焼かれるとき、荼毘に付す前にね、「今度生まれるときは、戦争のない国に生まれてこいよおー」と、ある女性が言いました。それを思い出してね。死んでいく人にも家族がいて、家族はその悲しみをずっと引きずっていきます。

まさにそれが繰り返されています。

孫、ひ孫まで巻き込む苦しみ

日本もそうだったけれども、今のウクライナもそれは同じです。それが戦争の一番悲惨なところだということを知ってほしいのです。

戦争で人が死ぬということは、どんなに大変なことか、それは死んだ本人が一番大変なんだろうけれども、後に残った遺族、この人たちがまず大変な苦しみを味わいます。

そして、その子どもやきょうだいばかりではなく、ずっと下がって、孫やひ孫、そういう人までをも巻き込んでしまって、その人たちも一緒に悲しむことになる。

だから戦争はしちゃいけない、とそう思っております。

いかに戦争をやめさせなきゃいけないか。

世界がそれを、国連を中心としてやらなければいけないと僕は思うんだけれども、なかなかそれが実行されないから、歯がゆい思いをしています。

お金・技術・科学者

僕は国連に行って、平和の大切さを174カ国の代表に向かって講演をさせていただいたことがあります。2018年5月でした。オバマ大統領が広島においでになってから、僕と坪井直さんが講演に呼ばれまして話をさせてもらいました。

坪井さんは堂々たる話がどんどんできるのですけども、僕は初めてですから、何を言ったらいいのかわからない。だから、それなら二つほど話をしようと決めました。

一つは南アフリカの話、もう一つはウクライナの話をしたんです。

世界で一番多く核兵器を持っているのがロシアで、2番目にたくさん持っている国はアメリカ、3番目はなんとウクライナです。ウクライナは数千発を持っていた。それを全部手放してロシアに渡しました（1994年に米英ロが署名したブダペスト覚書による）。

核兵器は、維持管理するのが大変で、第一お金がかかる。

第二に特別な技術がいる。核は普通の兵器ではありませんから、管理するには、相当な科学的知識を持っていないと扱えないですからね。それでロシアに渡したんです。

そして、核兵器を扱う科学者が多くいないと核は扱えない。

ですから、お金と技術と人材が必要不可欠なんだということを、僕は講演で話しました。

そのときは、南アフリカのデクラーク大統領（当時）が1993年にノーベル平和賞をもらわれて、そして実際に6発持っていた核兵器を全部廃棄するのに成功した国だという話もしました。

すると、南アフリカの代表者が一人、私の話を聞いてくれていて、話が終わったら飛んできて、非常に感謝してくれて手を握りしめました。だから、この人ともっと話をしたいなあと思ったんですけども、残念ながら時間がなかった。

坪井さんは、自分でも反戦や反核兵器への取り組みを実践している人ですから、理論的にも話がいくらでもできるけれども、僕は全然そういうことをやったことがないし、やるように依頼されることもないので、どうしようかなと思っていましたけれども、そんな話をしたら感謝されました。

ウクライナと核

もしウクライナが核を持っていたらと考えます。

僕が一番言いたいのはそこです。

今はロシアにさんざんロケット砲やいろいろなもので空爆を受けておりますけれども、かつてウクライナが核を数千発持っているときだったら、ロシアに攻め込まれても反撃できたかもしれない。だけど今は持ってないから、こんなにもやられているのかと思って、ちょっと歯がゆい思いはしました。

今、ウクライナは通常の兵器を少し持っている程度で、爆撃機も戦闘機も持っているけれども数が非常に少ない。軍人も少ない。軍人以外もウクライナ国外に出られないようにすぐに封鎖されました。

いまの問いに戻って、ウクライナがもし核を残していたらどうなっていたか。

もしかしたら、科学者を育てて、彼らも必死に勉強して、核が使えるようになっていたかもしれない。そうしたらロシアがいくら自分の核兵器や通常兵器を大量に持っておったといえども、そう簡単には侵攻できなかったのではないか。そこのところは大変答えが難しいですけれど、ちょっと考えさせられますね。

核を持っていたほうがよかったと考えるのは一番怖いことです。北朝鮮がその代表ですけれども、核を持っておいたら世界中のどこから何を言われようと、核によって自分の国を守るんだと言えるじゃないですか。だけども、それが果たしていいかどうかというのは非常に難しいところがあります。

今回も、ウクライナがあのまま核を渡さないで、いつでも使えるようにしていたら、ということについてはたいへん興味と関心があります。無責任なことは言えないけれども、核というものは一つ間違えれば、何百万という人の命を奪うことができる兵器ですから、私たちの――私たちと言うのは広島と長崎ですけども、ここで被爆した人よりもっともっと被害が大きくなると思うんですよ。

とっくの昔に戦争はなくなっているはず

僕は、原爆の研究を一人でこつこつ続けてきました。

よく知られているように、広島と長崎の原爆とでは種類が違いますね。広島はウランで、長崎がプルトニウムです。でも、原爆そのものの相当な進歩が長崎のほうではあった。

実際にどれぐらい進歩しているかというのを僕は何回も長崎に行って、自分なりに調べましたよ。だいたい1・5倍ぐらい広島より長崎のほうが原爆の影響は大きかった。これはアバウトな言い方ですけどね。だいたいそのぐらいです。

戦争が起こるまでに兵器はどんどん進歩する。

兵器メーカーが軍のお尻をたたいて、どんどんどんどん、ああいうものをつくって売り込んでいるということがわかってきました。

そんなことも含めて、やはり戦争というのはいろいろな原因で起こるんですね。

ドイツのクラウゼビッツという人が書いた『戦争論』という3冊の本を、僕は一生懸命読みました。過去に戦争が行われてその結果どうだということが書いてあるんですけども、なかなか理論通りにはいかんぞと僕は思った。

理論でできることだったら、とっくの昔に戦争はなくなっているはずなのにというのが僕の考えですよ。

何のために国際連盟とか国際連合とかいうものがあったのか。

今もニューヨークでは国連の大きなビルがありますが、そこの入り口にはピストルがぐにゃっと曲がっている像があるんですよ。ああいうものを見たら、ここは「戦争をストップさせるところだ」と言いたいのでしょうけれども、実際にはそれは実現していないぞと思う。

ここに1日どれぐらいの人が世界中から訪れるかと聞いてみたら、約100組の人がここに来るんだそうです。そうして案内してくれと言われるそうです。

僕は聞きました。

「それではなんで戦争は終わらないんだ？」と。

「世界中で戦争は終わらんじゃないか」と僕が言いましたら、案内してくれた人がなんと「私たちがこの国連で、世界中に向かって平和を呼び掛けているから第3次世界大戦は起こってないんです」、そう僕に言ったんですよ。

「でも、大きな戦争は確かに起こってないけれども、小さい戦争はいっぱいあるじゃないか。国連は何のためにあるんだ」

僕はそう言わずにはいられなかったですね。

◇

佳代子氏　ウクライナでも兵士の家族がいて、亡くなった方の遺族がいるわけだから本当に胸が痛みます。この人（重昭氏）がそもそも被爆米兵12名の調査をしたのも、やっぱり遺族のことを考えてですからね。亡くなった本人もですけど、遺族を探し当てる活動を始めたのは、政府や軍部のほうから遺族には知らされていなかったからなんですよね。

「フォーティーナイン・ネーションズ」

アメリカは自国の被爆死した人たちについて明らかにしてこなかった。

広島だけでなくて長崎でも原爆で亡くなった連合軍の捕虜がおりましたので、そちらのほうは長崎の人がやっているかなと思ったら、誰もやっておらなかった。だから僕は、そちらもやろうと思ってイギリス人、オランダ人の遺族を探して、ついに見つけたんですね。

人種は関係ない。

国境も関係ない。

それが原点です。

戦争というのは国籍も関係なく犠牲者が出るんですよ。数の多い少ないはあるでしょう。でも犠牲者が出ていることに変わりはないんですよ。日本が太平洋戦争で戦った相手国が、アメリカとイギリス、それに中国とソ連だと多くの人びとが思っておりますけれども、とんでもない。僕はアメリカに行ったとき、サンフランシスコのオペラハウスへ行きました。ご承知のように、ここはサンフランシスコ平和条約を締結したところです。そこに大きなホールがあって、その入り口に大きな柱があるんですよ。

そこに日本と戦った国の名前が全部書いてあった。

「フォーティーナイン・ネーションズ（49カ国）」と書いてあった。

これはサンフランシスコ平和条約に参加した、日本を含めた国家の数です。それに来ていないソ連、中国なども含めて全部で55カ国と日本は戦争した。アメリカ、イギリス、中国、ソ連どころか、オランダも含めて、こんなにたくさんの国と日本は戦争をしたんだ。なんて無謀なことをしたんかというのを僕は言いたかったのです。

だけどみんな、僕があまりに必死に「49カ国」と言うものだから、何でそんな数にこだわっているのかというようなことを言われたけれども、とんでもない。日本はこれらの国と戦ったんだ。アメリカ一国でも大変なのに、こんなにたくさんの国と戦ったんだ、そんな馬鹿なことを日本はやったんだと反省しなければいけない、それはこれでわかるでしょう、というのが、僕が一番言いたかったことです。

「小さな核」

僕は、ロシアのプーチンさんの話を報道で聞いて、ピンときたんですよ。僕らは、「広島の原爆は、おもちゃのような原爆」と言われてきた。冷戦時のアメリカやソ連の核兵器と比較すれば、広島に投下された原爆はおもちゃのようなものであるとね。でも、それでさえ広島市が一瞬にして吹っ飛んでしまった。

プーチンさんがいう小規模な核は、広島に落とされた原爆より小型だといいます。「小さな核」とプーチンさんはいつも言うけれども、小さい原爆と思っていても、性能がすごくよくなっているので大変な被害を及ぼすでしょう。たくさんの人が亡くなるんです。プーチンさんは「ロシアは核大国だ」と恫喝《どうかつ》しているけれど、彼は核兵器の恐ろしさを知っていないと思う。

僕は、爆心地から2・5キロのところで被爆した。それから9年後の1954年に「ブラボー」という水爆実験の被害を受けた第五福竜丸の大石又七さんは、水爆の実験場所から160キロも離れたところで被爆しているんですよ。

乗組員23人のうち今は2人だけ生き残っていますけども、僕は第五福竜丸の話を知って、この人たちは160キロも離れたところにいたのに、僕と同じような目に遭っている。これから戦争が起こったらね、もう普通の人は生き残れんなと、そう思いましたよ。

僕自身の体験と、第五福竜丸の話は、もうずいぶん昔のことです。現在は何十発という核を10分以内ぐらいに一斉に敵に向かって発射できるんだそうですね。そんなことをちょっと勉強させてもらったんです。

僕はたった1発の爆弾にやられたけども、これから戦争が起こったら、何十発どころか、もしかしたら何百発の核が一斉に敵に向かって発射されるかもしれない。

発射されたら向こうだってそれに気づいて、敵も一斉に攻撃してきたらどうなるか。

被爆して、1時間ぐらい後に「黒い雨」が降った。僕は痛かった。大石さんが「石のような黒い雨が落ちてきた」と証言されているのを新聞で読みました。

「これは水爆だけども石のようなのが落ちてきた」と。

僕は原爆だけども痛かった。そんな話をお互いにしようじゃないかと言っていたのですけど、大石さんは2021年3月に亡くなられました。それでこの話は実現しなかったんです。

でも、黒い雨が降ったために僕は寒かった。

カール・セーガンの話を僕はよくします。セーガン博士は『核の冬』という本で、世界中で何百発と核が行き交い、相手の国に届いて次々と爆発をして、放射能を浴びたものがどんどん塵《ちり》になって、上空を敵の国まで届いて降りてきて、真冬のような気温がずっと続く。食料もなく、すべての人間が生きておれないような環境となる。戦争が起こったら敵も味方も全部、命がなくなるぞと警告した。

あれが真実ですよ。

そう僕は感じました。自分の体験から言ってそう思う。

だからこの話は、僕が単なる一被爆者として言うのではなく、確実な根拠に基づいて話をしたいなあと思いましてね。

僕は講演でそういう話をすることができるけれども、少人数を相手に話しますからね。それよりもマスコミの方を通して、そういう話の一部でも載せてもらって広めてもらって、いかに核が使われたら大変なことが起こるか、ということを報道していただきたい。

地球への警鐘

これだけ核兵器と原発がある世界で戦争を起こしてしまうと、人類の存在そのものが危うくなると思います。

少なくとも、他の人よりも、僕はもっと正確にそうしたことが言えると自分では思っています。危機感を誰よりも強く持っています。

空は、核の雲で太陽が隠れてしまうし、残留放射能が地上におりてきて、ありとあらゆるところに出現することになると、人間は骨髄をやられて、人間の血液が何十年にもわたって、がんとか、糖尿病とか、心臓病とか、そういった人間にとって一番大事な臓器を痛めつける。

だから今、被爆して何十年も経ってがんになっている人がたくさんいますけれども、そういったことが地球規模で起こるぞと言いたい。

普通の爆弾は、爆弾が落ちたときだけのことでみな判断するようだけれども、核兵器による被爆といったらそんなもんじゃない。被爆して苦しんでいる僕は、誰よりもそれを正確に、みんなに警鐘を鳴らしたいと思います。

こんな兵器が使われることの悲惨さを普通の方々はあまり考えないかもしれない。頭の中ではよくわかっていると思うけれども、実際に体験されてないから、一過性のものとして理解されていると思う。

だけども、僕らのように何十年にもわたって毎日毎日苦しんでいる人間から言わせてもらったら、核と言ったらそんな簡単な兵器じゃないぞ、もうみんなが思っているよりはるかに恐ろしい兵器だぞ。それを知ってから、戦争をやるとか、やらないとかを決めてほしい。

特に、それは絶対に使うべきでないと、それを使うぞと脅すなんてプーチンさんはとんでもない人だと申し上げたいと思います。

僕はロシアについてはこういうことを思っているんです。

ソ連は、古くなった原子力潜水艦をたくさん日本海に投棄しています。原子力潜水艦には、必ず二つのエンジンがあるんです。一つが故障したときのためのこと考えて、どの潜水艦にも原子力のエンジンが二つ積まれています。それを日本海に廃棄しているから、どうしても放射能が流れ出ているのです。

最近になって僕が頭にきたのは、福島第一原発事故でたまった処理水を薄めて、海洋放出するという話です。海に流すのはとんでもないことですよ。それをプランクトンが食べ、そのプランクトンを魚が食べ、それを人間が食べる。それがいかに恐ろしいことかというのが、まだわかっていないのかと思う。

まだ、言いたいことはあります。

ＪＣＯ（１９９９年に臨界事故が起きた茨城県東海村の核燃料加工会社）で働いていた人が、バケツで放射性物質を扱っていたためにあの悲劇が起きました。

あれは、原子力に携わる人たちが、全然知識のない人と同じように核を扱って、１人は83日、もう１人は２１１日後に命を亡くしました。僕は、あれが普通の人だったらそうでもないけども、原子力を扱う専門家のもとで働かされているのに、なぜあの恐ろしいことを教えないのか。あの２人を助けようと東大医学部が全力を挙げていたけども、助けることはできなかった。体が溶けたんですよ。

ウクライナのチェルノブイリ原発で事故が起きたとき（１９８６年）、すぐに40人の消防士が消火に行けと言われて消火活動した。そして全員被曝した。その結果、どうなったんですか。みんな亡くなったんですよ。

すぐには公表されず、あとから僕も知った。

それで結局、最後はどうなったかと言うと、彼らが死ぬときに遺族は「誰もここに来るな」と言われて、最期を見届けることができなかった。

そういうことを考えたら、放射線というのは、原子爆弾はもちろん、その原理が一緒である原発も、目に見えないところが一番怖いということがわかった。

第3次世界大戦が起こったら、人類は全滅する

世界で初めて原発の研究をやった場所に行ったことがあります。アメリカのコロンビア大学の地下実験室です。当時、「日本人でここに入ってきたのはあなたしかいない」と言われました。NHKがついてきたけども入るのを断られた。

僕はちょっと皮肉を言ったんですよ。日本ではね、広島と長崎で原爆によって20万を超える人がその年に命を落としたと。一方、アメリカは素晴らしいと。原爆をつくるには高度で複雑な計算をしなければならない。今はコンピューターがあるけども、当時はなかったから、アメリカ中の数学ができる優秀な高校生を全部集めて計算させた。アメリカ人はみな能力があって素晴らしい。だけども、そのあとこう言ったんです。

「あなた方は良いことに使ったんじゃなくて、人殺しのために使ったぞ」と。
そう言ったらね、向こうはなんと返事をしたか。
「そんなこと言うけども、我々はこのコロンビア大学の地下実験室で、MRIをつくったんだ」
そう言いましたよ。X線を使わない磁気共鳴画像をつくったんだと教授が言った。
あそこにはニトログリセリンの大きな容器がずらっと並んでいました。僕は心臓が悪いから
ニトログリセリンを持ち歩いていたけれども、ニトログリセリンの研究を行ったのもあそこで
す。MRIができたおかげで痛みを伴わないで体の異状がわかるようになったし、心臓病の研
究をして薬を発明したのはここだと、こう言ったんですよ。
だから僕も黙ってしまったんだけどね。
アメリカではほかにもいろいろなところに行きました。僕は日ごろからちょこちょこ勉強し
ていましたから、サンフランシスコから飛行機でボストンに行った。1千メートルか2千メー
トルか、低いところを飛んだんです。下を見ると地面に穴ぼこがいっぱい空いていた。あの穴
は全部、ネバダの核実験場の跡なんです。僕はイギリスが実験したのがここかと思った。ここ
で実験をやったのかと。その跡なんですね。そういう所をじかに見てきました。
そして最後に、話はウクライナに戻ります。
ロシアが本当に「小さな原爆」を使ってしまったら、どんなことになるか。

「おもちゃのような原爆」で広島がどんなにえらい目に遭ったか。長崎でも、広島よりちょっと大きな原爆であんなにたくさんの人が被害に遭っているんだ。もしも今度あったら、広島市どころか、中国地方が吹っ飛ぶぞと僕は思うんですよ。

そうすると、軽々しく原爆のことを言わないでくれ、あれはすさまじい爆弾で、後遺症のことを考えたら、とても使えたものじゃないと言いたいですね。

1発ずつ使われる保証もない。だから怖いんですよ。

第3次世界大戦が起こったら、人類は全滅するという気持ちを持ったほうがいい。

第6章　二人三脚——妻・佳代子氏の思い

森重昭氏の妻・佳代子氏は、3歳のときに爆心地から約4・1キロの草津浜町（現・広島市西区）の自宅玄関先で被爆した。倒れてきた扉の下敷きになって腰を強打した。父は被爆で顔や首、胸や両腕にケロイドが残り、胆管がんのため1968年に53歳で亡くなった。子どものころ、家では上半身裸だった父に抱きしめられるのは正直嫌だった。それを詫びることができずに申し訳なかったとの切ない気持ちが、今もうずくという。

広島市議として被爆者援護の拡充に力を尽くした父。その敬愛する父が、ひそかに仕向けた良縁だったのかもしれない。父の死去から半年後、佳代子氏は結婚式を挙げる。その相手が重昭氏だった。

エリザベト音楽大学（広島市中区）の声楽科を卒業し、音楽教諭や教会聖歌隊の指導を務めてきた佳代子氏は、夫がオバマ大統領と抱擁して「時の人」となった2カ月半後の2016年8月、肺がんと診断される。肺の手術は声楽にとって致命的にも思えたが、無事に乗り越えた。22年9月には東京でピースコンサートを開き、フランスの作曲家フォーレの「レクイエム」（鎮魂歌）を歌った。毎年8月6日、母校エリザベト音大の同窓生らが原爆犠牲者を悼み、大学に隣接する世界平和記念聖堂で歌う曲だ。

夫は被爆米兵の調査と慰霊。自身はレクイエム。「それぞれ長年やって来たことが、いろんな形でつながっていくんです」。

最終の本章では、夫と二人三脚の旅を続けてきた佳代子氏が語る。

国際電話料金

私が30代のころの話です。

月給はまだ30万円もないときですよ。

突然、「国際電話料金7万円を払ってくれ」と言われて、もうびっくりしましたよ。

アメリカの被爆米兵のご遺族を探すためにかかった国際電話料金が7万円を超えたときのことです。その請求書を夫は私に見せるんですよ。この請求書をとにかく払ってくれって。

そのころは私もまだ何も知らなかったから、なんでこんなに電話料金がかかるの？　と本当に驚きました。

いろいろなことを調べるためにはお金がかかります。旅費、通信費、資料複写費。

この人は何かやり出したら周りが見えなくなるんですよ。

それはもう、結婚したときから思いましたね。まじめなんです。お酒は飲まないし、遊ばないし、くそまじめって言うぐらい。それでいきなり請求書を見せられて、払ってくれというから、やめてくださいって私は言った。今でもはっきり覚えています。だけど、口で言っても、この人はやめる人じゃないっていうのは、もうわかっていました。

自分がやり出したら、周りの言うことなんて聞かない人。私から言うとね、能天気なんです。月給は私に預けるよ、それでプラスアルファいる分もなんとかしてくれという考えです。

国際電話の7万円は、このアメリカ人の調査を始めたころです。

今はネットの時代だけど、こまめに手紙を書いて、相手からの手紙が途絶えても、それでほっとかない人。これをしようと思ったら諦めない人。まあ普通ではできないです。


私の理解では、この人は歴史が好きだったの。だから高校の先生から研究を手伝ってくれと言われたぐらい、歴史を調べたり何かを調査する能力はやっぱり秀でていたと私は理解しています。

私が本人から何を志望していたのか、本当のことを聞いたのは60歳の定年のときです。

本当は史学部に行きたかったと言った。それを、史学部じゃ飯が食えんからと、高校の担任の先生も親も反対した。でも、本心はとにかく史学部に行きたかったんだと聞きました。

でも、こんな長い年月にわたって、誰もしていなかった調査ができたという能力は、並の歴史家じゃないと私は思っています。だから定年退職後は、自分がやりたいように、思いの丈をしてくださいと言いました。

たまたまカートライトさんが広島へいらしたのは、夫が62歳のときでした。

肺がんを乗り越えて

私、雑誌「婦人之友」の愛読者なんです。

上皇后さまもそうなんですけどね。

それで、「読者を訪ねて」というコーナーで、私たち夫婦のことを書いてくださった。読むのは女性、主婦ですから、わかりやすく、なおかつ、本当に正確に網羅して書いてくださった。

「婦人之友」は今年でちょうど創刊120年です。

私は80歳の記念の年に、感謝の思いも込めて、「ピースコンサート」と銘打って、曲を選びました。フォーレのレクイエム。毎年、世界平和記念聖堂で8月6日の午後6時から合唱する曲のソプラノ・ソロの曲です。

2022年9月のピースコンサートは、東京・西池袋の自由学園明日館《みょうにちかん》ホールで開きました。私は「友の会」の会員だから、「本家」で歌いたいと、ここで歌うことにこだわりました。なにしろここは「婦人之友」発祥の地なんですよ。

帝国ホテルを設計したあのライト氏が、同じく設計した明日館という建物のメインフロアに、サロン的なフロアがあるんです。吹き抜けでステンドグラスがあって、それをバックにして。

50人も入ったら「密」になりますから、コロナの最中でしたが、よくできたなと思います。

肺がんが見つかったのは、オバマ大統領の広島訪問の2カ月半後でした。

2016年8月12日に、検診で肺がんが発覚しました。

だいたい年に1回、健康診断でチェックしているんですよ。一応被爆者だから。両親もがんで亡くなっているし、3つ上の兄も、やっぱり消化器のがんで今も闘病しています。もう十何年たっているからね。でも、消化器を切り刻んでいますよ。

ケロイドを負った父は53歳のときに胆管がんで、母は83歳で膵臓がんで亡くなりました。だから私は消化器のがんは覚悟していた。いつか自分も……という思いはずっと引きずっていました。

でも、早期発見だったら助かるかも、というのはあって、健康診断はきちっと年に1回していたんです。だけど、あのオバマさんの年は、そんな暇はなかったです。生活が一変して、毎日毎日、メディア攻勢でした。疲れたら寝られない、食べられない。でも、この人（重昭氏）は糖尿病をもっているからちゃんと食事はしないといけない。夜9時過ぎても取材の方はいらっしゃるでしょ。それこそ我が家の食事の風景なんですけど、「よかったら食べながら話してください」と、そんな生活をしていました。

7月に健康診断に行く暇はない。

8月12日のことは忘れられないです。

12日に、「今日だけは取材入れないでね」といって健康診断のため千田町《せんだまち》へ行きました。一般的な健診ですから、胸のレントゲン撮りますでしょ。そこでわかりました。

9月の頭に検査入院したのですけども、それでがん細胞が取れていなかった。それで検査結果は1週間後。もう生きた心地もしない。どうだったのか不安でした。それで1週間後に結果を聞きに行ったら、うまく取れてないから経過観察だと。とんでもない。もう私はそんなことは耐えられないと。

手術は9月26日でした。広島大学病院を私が希望しました。ご縁があるんです。私は原爆の後遺症で2回、広大病院の整形外科医から腰の手術を受けているんですよ。だから心強いと思って。

実はそのころ、「ペーパーランタン」の上映で10月にアメリカへ招待を受けていたんです。だけど私は、肺がんと言われたときに、「ああ、もうアメリカには行かない」と思った。

夫にどうするのか聞いたら、黙っているんですよ。

ドクターはそのことを知っていらして、「アメリカどうしますか。今だったら行ってきていいよ」と。メスを入れたら1年間フライトができないけど、「1カ月の間に急激に悪くなるもんじゃないんです、がんっていうのは」。そうおっしゃるから「先生、他人事ですね」って私、口答えしました。こんな不安な気持ちで、何がアメリカですかと。そしたら、「ご主人はどうですか」って聞かれて。そうしたら、「家内がそう言うんだったら行かない」ということで、その年の10月のフライトはなくなりました。

術後に歌った「赤とんぼ」

その年の8月6日は、オバマさんとの抱擁の後、初めての世界平和記念聖堂でのフォーレだったから、この人（重昭氏）も聞きに来てくれました。終わったあと、長崎の五島《ごとう》出身で広島在住の方から、「五島の世界文化遺産の支援コンサートをしてほしい」というオファーが入っていたんです。それを聞いての肺がん手術でしたので、1年延ばしてでも支援コンサートをしてほしいと言われました。ソロじゃなくて、エリザベトの同窓生5人でと。

手術は9月26日でした。術後もしんどかったです。五島のコンサートが頭にあったから、ちゃんと歌えるかどうかが一番気になっていました。1週間目に管を抜いてやっとまともに息ができるようになって、朝7時に誰もいない面会室に行って声を出してみようとして歌った歌が私の大好きな「赤とんぼ」です。もちろん大きな声は出しませんよ。ちゃんと歌えたんです。

やったーと思って。

そういう経緯で、退院してから毎日必死で歌いました。

でも、それが結果的によかったんです。肺のリハビリになったんですって。

何十年ずっと歌をやってきて、そういうふうに体が鍛えられているんだなというのは感謝でした。肺がんの手術前と術後の肺活量がまったく変わっていなかったんです。


2022年9月のピースコンサートは、まず両親への感謝の気持ちを捧げました。

両親の考えは、「身につけたものは誰も奪えない」というものです。お金とか財産とかいうものはなくなっていくけども、自分が身につけたものは誰も奪えない。だから親として本人が望むならばと――父の格言ではないんですけど「努力」あの2文字です。

父が口を開いたらまず「努力」。それでずっと大きくなってきています。だから私がはっきり申し上げられるのは、小さい時から歌が好きだったわけじゃないんですよ。もともと地声と裏声とのボイスチェンジが自然にできなくて、ころっと裏声に変わるんです。それがトラウマになって人前で歌いませんでした。それでも父の命令で行かされたんです。

両親や兄のがんはおそらく被爆の影響だと思っています。呼吸器外科の先生に言わせると、術後に聞いたんですけどね、急激なストレスがかかると免疫力が低下するから、それで発がんするんだよと聞きました。

今は2人に1人ががんになる時代だから、別に被爆者だけががんになるわけじゃないと面と向かって言われますよ。だけど、被爆者にとっては、やっぱり放射線の影響は常に脳裏にあるんです。こんな77年以上経っていても、それに被爆した人の子どもにも影響がないとは言えない。それを「全然そんなこと関係ないわ」というタイプの人もいます。でも私にとっては気になります。だから手術をした。

一応、がんのところは全部とったとお医者様に言われても再発転移というのがいつも脳裏にあります。不安があります。だから、1カ月後、3カ月後、1年目は検査があって、検査結果が来たときにほっと胸をなでおろすんです。それは経験した者でないとわからないです。その代わり、本当に努力しました。自分で言うのはおかしいけれどね。

父のこと

私の中での感謝は両親に対してです。

音楽を、もちろん経済的に身につけさせてくれた両親です。

だけど、具体的に音楽を導いて下さったのはエリザベト音大の創立者、エルネスト・ゴーセンス、ベルギー人の神父です。私はイエズス会の彼に導かれました。

両親に感謝しています。でも、ケロイドの父に抱かれるのが嫌でした。私にとっては、父のあのケロイドが怖くて気持ち悪かった。父は、家にいるときは上半身裸でした、あの時代は。軍隊調の厳しい人でしたからね、軍曹をやっていたんです。鬼軍曹だったんですって。

それで何もかも父の命令一下で動かされる。だからさっき言ったように、学校も自分が決めるかどうかじゃないんです。勉強したかったら親はどんな経済的な苦労をしてでも行かせて、勉強させてやる、身につけたものは忘れないって。

自分たちがそういう高等教育を受けてないから、子どもにだけはという思いが強かったみたいです。私学に行くんだったら広島は、私の時代、女子は（広島）女学院と（ノートルダム）清心。それをどこかで聞きつけて、「清心に行けー」となるんですよ。もう熱血漢、責任感の塊みたいな人でした。

父は、私の結婚のときにはもう亡くなっていました。父が53歳で亡くなったときには、もう結婚なんて考えられませんでした。それが四十九日も来ないうちのお見合いですからね。父が私の結婚を気にして亡くなったというのはいろいろな人から聞かされていました。だから「あ、これは父が仕向けた結婚かな」と思いました。夫との共通点はと言ったら、音楽に関係しているとことでした。そのとき夫はヤマハに勤めていましたから。

私の思いとか行動は、まさに父の生きざまを受けています。

それは、「人のために」という生き方です。

私が小学校3年のとき、広島市議会議員に立って、それでちょうど5期を終わった次の年でした、亡くなったのが。だから私が25歳の時です。まさに体を張っていました。

だから余計に、夫が被爆米兵のことを心血注いで調べているのと同じように、私も父の遺志を継いで、やっぱり平和への思い、原爆がどういうことを引き起こすかということを訴え続けなければいけないと思いました。私の場合は自分の体験より、父の体験を通してです。

祈りには宗教も国境もないでしょって。

つながる歩み

最初に、家にみえた米兵のご遺族は、映画「ペーパーランタン」で描かれているニールとブリセットの姪御さん甥御さんでした。彼ら彼女らとずっと一緒に撮影で動いて、「なるほど、今まで夫から聞いていたことは、こういうことだったんだな」ということが腑に落ちた。それから、この人がやってきたことが、私にもわかってきたんですね。

そして、２０１６年のオバマさんと抱擁した森重昭ということが広く知られるようになって、いろいろな取材や講演依頼をお受けするようになりました。すると、この人の中ではそれだけじゃなくて、調査研究したいろいろなことが頭にあるけれども、講演を聞きに来られる人は、まずオバマさんのことだけで、あのときの森さんの話を聞きに行くということですから、なかなか、この人の話の内容がつかめないんですよ。

しかも、私も知っている人から、「講演の話がよくわからなかった」というのが私の耳に入ってきた。せっかく長年やって来たことなんだから、少しでもみなさんに知っていただけるよう、講演をするときのタイムキーパーから始まって、私が聞いていて話があっちゃこっちゃするものだから、「すみませんが」と口をはさんで私がフォローするようなことになりました。

レクイエム

２０２３年3月20日、アトキンソンさんの追悼法要が行われました。会場の本願寺広島別院の本堂には電子オルガンがありましたから、「御仏に抱かれて」という仏教賛歌を選びました。本願寺のいわゆる西本願寺、本家本元から「英訳本もありますよ」と送ってもらったので、娘のシャロンさんたちに、意味がお分かりになったらということで差し上げました。

仏教賛歌はレクイエムと同じだと私は受け止めています。そういう意味でその曲を選びました。

もうひとつ、父への思いが私は強いんです。さきほども申したように、父が53歳で亡くなったとき、私は後追いしようと思いました。それぐらい受け入れられなかったんです。発病からたった2カ月足らずだったから、死ぬなんてことは私の中にはなかったし、そんな覚悟もなかったです。それでね、四十九日の時にこの「御仏に抱かれて」があることを知って、父への供養という思いでこの歌を歌うようになった。

そしたら、草津というところは浄土真宗の熱心なところだから、法要の時とかお通夜の時とか、みなさん歌われるんです。熱心な安芸《あき》門徒。私も小さいときは、おばあちゃんに連れられてお聴聞を聞きに行くと、いわゆるお供えのお下がりがもらえるというので、ついていって。

フラナギンさんのときは、彼は被爆死はしてないけれど、草津の沖で「タロア号」に乗っていて、今の鈴が峰のゴルフ場に墜落したんです。その前にパラシュートで降りてきたのが草津の沖だったんですよ（115ページ）。今の西飛行場のもうちょっと海側です。草津の人たちが船で出ていって、ぼこぼこ（殴ったりたたいたり）しているのね。その話を地元の者は知っているんです。私も親から聞いていました。草津のお寺さんで追悼法要をしたとき、集まられたみなさんと一緒に歌いました。

特にこの「御仏に抱かれて」は、父が亡くなったときの、だからレクイエムの気持ちで歌いました。母が亡くなったときも感謝の気持ちで歌いました。

私に歌を身につけさせてくれたのは両親です。だから私が言葉で述べるよりは、やっぱり歌で、ありがとうと伝えるのが一番かなと思ったんです。

お金があって音大に行かせてもらったわけじゃなくて、4人きょうだいの中で、私が2番目なんですけどね、兄、私、弟、妹。父は53歳で亡くなっているからね。兄は卒業していましたけど、弟と妹はまだこれからっていうときだったんですよ。でも私はおかげさまで、本当に音楽を、歌を身につけさせてもらえたということが、特別な感謝の思いです。

墓石をなでながら歌った

（アトキンソン氏の娘の）シャロンさんは、私と同じ1942年生まれですが、8・6のときはまだ3歳になっていらっしゃらなかったんですよ、10月生まれですから。だから全部、お母さんからお父さんのことを聞いて育ってらっしゃった。

同じ被爆をした父を持っているという思いがあったから、私にとっては他人事じゃなかったです。夫が足かけ50年やって来たことが、シャロンさんにとって喜んでもらえることで、大きな役割を果たせたかなと思いました。

Ｇ７の会場になる宇品にも一緒に行きました。大きな窓から海が見えるホテルです。広島を新幹線で発たれる時にお見送りに行ってね、私はシャロンさんに「赤とんぼ」の歌をプレゼントしました。手術の後に最初に歌ったあの歌です。赤とんぼがちゃんと歌えたよという。私にとっては持ち歌なんです。

エリザベト音大を卒業して、創立者のゴーセンスの命令で行かされたのが岡山の清心です。姉妹校です。校長室にノックして入っていったら、私の高校２年生のときの英語のシスターが校長でびっくりしました。そこに寮があって、私はそこで舎監をしていたんです。

寮生を連れて転居先の中・高校へ汽車通いしたんです。駅舎のあたりはいぐさの田んぼだったの。職員会議が終わって、あぜ道をずっと駅舎に向かって駅に着いたときに、赤とんぼが飛んでいたんですよ。それで思わず私は赤とんぼを口ずさんだ。そしたら校長のアメリカ人シスターが、佳代子イコール赤とんぼをイメージして。

だからアメリカに行ったとき、ありがとうの気持ちを込めて赤とんぼを歌いました。

墓石をなでながら歌ったんですよ。一緒にいたアメリカ人がみんな泣いた。どういう意味かわからなくてもね。アメリカのノートルダムの本部のあるところにお墓があるんですよ。何人かのシスターのお墓もあって、アメリカと日本の国旗が供えてあるのね。日本で宣教したシスターたちです。ボストンに行くんだったらぜひお墓参りさせてほしいとお願いしていました。だから私にとっては、一つ一つの詩が、気楽に歌えないという思いが強いんです。

◇

重昭氏　でもアメリカ人にしたら、かつての教え子がまさか来るとは思いも寄らなかったから、随分たくさんの人がシスター修道院におりましたけどね。一人残らず出てきて。ええ。あれは感動しましたよ。

◇

祈りの歌に国境は関係ないと私は思っています。本当に国境はないということです。シャロンさんはたぶん、アメリカだからキリスト教だとは思います。亡くなられたアトキンソンさんへのレクイエムの気持ち、これはまさに日本語で「御仏に」なんだけども、「神様の懐に抱かれて」ということだと思います。

だから私がフォーレにこだわるのも、原爆犠牲者の慰霊のスピリチュアルコンサートだからです。エリザベト創立者のゴーセンスが、世界平和記念聖堂ができた献堂の日に、あえてフォーレのレクイエムを選んだ。

レクイエムもモーツァルトとかヴェルディとかいろいろあるんですけども、フォーレのレクイエムを選んで、それを追悼のミサでエリザベトの学生に歌わせたというのが、このレクイエムのスタートです。フォーレが作った追悼ミサ曲の中のソロ曲です。私にとっては、宗教がどうのこうのとかいうことじゃないんです。亡くなった方への慰霊。ほんとうに安らかにお眠りくださいという気持ちで歌います。

カートライトさんがみえたときに、奥さんと息子さんを連れてこられました。カートライトさんはアトキンソンさんのことを一番気にしてらしたのね。特に相生橋につながれて、ということは知ってらしたの。だから殺されたんだろうと。ほかの部下たち6人、ロンサムレディーに乗っていて被爆死した6人もみんな処刑されたと思い込んでらしたの。それが、そうじゃないよということを重昭がいろいろ調べてわかった。

広島駅からJRで柳井市の伊陸へ移動し、墜落した場所に行きました。私は伊陸までは同行しなかったけれど、西広島駅までの間で奥さんに耳元で赤とんぼを歌って差し上げた。そしたらそれをカートライトさんが本に書いてらっしゃる。それぐらい印象が深かったらしいです。

それともう一曲はね、「ふるさと」です。ウサギ追いしのあの曲。あれもアメリカにいった時に、その一つのロサンゼルスの会場で「ぜひ、ふるさとを歌ってほしい」というリクエストがありました。私はあえて3番の歌詞は歌わないと決めていたの。なぜかっていうと3番の歌詞は「志を果たしていつの日にか帰らん」。あまりにも酷じゃない。やっぱり望郷の念に駆られるでしょ。だからあえて私は1番、2番しか歌わなかった。そしたら会場にいらしてた日系の方から声をかけられて、「ふるさとを歌ってくださってありがとう」と言われた。みんな年配の方たちですよ。だけどその中の日系の男性の1人が、「僕は3番が好きなんです」とおっしゃったから、会場に戻って「みなさんでもう一回歌いましょう」といって、みんなで手をつないで1番から3番まで歌いました。もう、涙、涙で歌いました。

だから私は、ふるさとがまたそれ以来、特別な曲になりました。

それぞれにふるさとがありますよね。

だけど、心のふるさとっていうのもあるよねということを私は感じていました。

だけど、アメリカで「3番が好きです」とおっしゃったあの言葉がね、重いなあと思いました。

戦争のない世界を

もう戦争はしちゃいけない。

戦争するといろいろな被害が起こる。敵も味方も。

プーチンさんが実際、一線に出ていくわけじゃないんですから。トップの人はみんなそう。第一線に行くのはみんな兵士でしょ。命を落とすのは、貧しい地域の兵士、それから市民でしょ。

だから日本でもね、第2次世界大戦のとき、各宗教家が――キリスト教に限らず仏教でもそうなんだけども、結局は国のトップに逆らえなかったでしょ。だから「戦争は反対」って声を上げられなかった。若者が戦争に行くのに最も象徴的なのが、あの学徒動員の、明治神宮のあの場面ですよ。クリスチャンもいるんですよ。だけど、それを止めることもできなかったし、むしろ応援した立場をとったんです、あのときに各宗教家は。

それが総動員みたいな形でみんな同じ方を向いちゃったんです。マスコミだって、みんながみんなイエスマンになっていたわけじゃないんでしょうけど、そう書かないと記事にならなかった。逆らったらそれこそ、連れて行かれるし、殺されるし。

戦争がなかったらそういうことはなかったんです。

だからシャロンさんにしてもね、お父様が25歳のときに死別する。しかも、自分の国の落とした原爆で亡くなる。戦争してなかったらそういうことは起こっていないわけですから。

それが今、やっと和解できた。だから、喜びじゃなくて、「ああ、ほんとうによかった」。お互いにその思いです。だから私は、シャロンさんが77年間、戦争を抱えていたなあと思います。

私は父を見送って55年になりますけども、55年前に父にごめんなさいを言えないで別れてしまった。結婚して子どもができたときに、あのケロイドを気持ちが悪いって思ってごめんなさいが言えなかった父に対して……親として、どんな思いだったんかなあって。

ごめんなさいねって言えてないからね。

だからいっそう私は、父がしたかったこと、続けたかったこと、父の遺志を、そういう犠牲のもとに原爆手帳の申請や援護法に自分の体をはったんだから、少しでもそういうことの役に立ちたい。それでこそ、夫と同じ共通のことをしている意味がここにあるんです。

核兵器の被害に国境はないと思います。

ほんとにね、国も人種も越えた被害が出るんだということをG７のトップに知ってほしい。ましてやこの爆心地・広島でG７サミットをされるということは、広島の被爆者としては、広島で開催される意味はそれしかないと思います。それは本当にみんな思うことです。

要は、核兵器を使わない。使ったらどういうことになるか。

そこを、わかってほしい。

原爆供養塔には、名前が分かっている人はちゃんと一つずつ骨壺があります。

ただ、あれだけ公表されても、引き取り手が１柱とか２柱しかないんです。77年もたてば、もうすぐ78年になるけど、ご遺族が亡くなっていればそうですよ。

だから名前がいくらわかっていても、引き取り手がない。

だけどニュースを見ていたら、原爆じゃなくても、戦争で亡くなった人のご遺骨が帰って来たということがあるでしょう。そしたら、ご家族じゃなくても親戚の方とか、甥や姪とか、その孫とかいう方が、やっと遺骨が帰って来たよという日がくるかもしれない。

だから戦争っていうのは、それだけ何十年経っても人の心に傷を残している。

いろいろな見方があるけれども、平和でずっと来ている日本だから、「平和ぼけ」という言葉もありますよね。だけど、特に今回のロシアとウクライナの戦争のことから他人事じゃないということをもう一回自覚し直さないといけないなと思うんです。戦争したということを。

だけど、戦争を起こしたのは国のトップで、みんなは行かされているんですから、そこのところを真剣に考えたら、一日も早く戦争を終わらせないといけない。

傷口が広がって、子々孫々まで被害が広がっていきます、一日一日。

エピローグ

被爆地・広島で2023年5月19～21日、主要7カ国首脳会議（G7サミット）が開かれた。開幕日の19日、G7首脳はそろって広島平和記念公園を訪れ、平和記念資料館に約40分滞在した後、原爆死没者慰霊碑に献花した。

広島に原爆を投下した米国のバイデン大統領、米国と同じ核保有国である英国のスナク首相、フランスのマクロン大統領をはじめ、米国の「核の傘」のもとにあるカナダのトルドー首相、イタリアのメローニ首相、ドイツのショルツ首相、そして日本の岸田文雄首相が、欧州連合（EU）のフォン・デア・ライエン欧州委員長、EUのミシェル首脳会議常任議長とともに並んだ。

19日午前から自宅でメディアの取材が入る中、時間をとってくれた森重昭氏は、テレビでこの光景を見つめた思いをこう語ってくれた。

戦争をやめること、始めないこと

世界で最初に被爆した都市・広島においでになって、平和に対する話し合いをこれからなさるのだと思いますから、それに対して期待するところは非常に大きいものがあります。

なぜかと言うと、たった1発の爆弾で全滅する。広島市が全滅する、長崎市も全滅する。そして犠牲者も、広島14万人、長崎7万人、プラスマイナスそれぞれ1万人ということでずっと報道が続いています。昨年夏は、広島33万人、長崎は19万人が犠牲になった（原爆死没者名簿に記された人数）ということでございますから、これから数は減ることはない。どんどん増える一方だろうと思います。14万とか7万とか、東京大空襲の犠牲者は10万と言って比較されます。少なくとも数だけを見ていけば、いま、広島は33万人、長崎は19万人になっています。

戦争が始まったら、核が飛び交うと思います。それも10発単位ではなくて、もしかしたら100発単位で、お互いに核の応酬が始まっていく。そうなると、敵と味方が全滅するどころか、いま地球上に約80億人の人間が住んでおるそうですが、それが全部、住めなくなるぐらいの大きな影響があるに違いない。

だから、もしできることならば、このたびおいでになった首脳のみなさんにぜひお願いしたい。

それは、戦争を始めるのも、止めるのも、あなた方にかかっている。

だからぜひ戦争が起こらないようにすると同時に、戦争をやっているウクライナとロシアの間で、戦争をやめてほしい。まずそういう話し合いをして、戦争をやめること、始めないこと、そこのところをぜひ、全首脳に、特に核を持っている国にお願いしたい。そう思います。

僕が一番言いたいことは、「軍縮」とみなさんメディアはおっしゃるけれども、軍縮というのは何かということを考えてほしいのです。

軍縮というのは、核を持っている国が、その核をなくすことを言います。僕の受け止め方が悪いのかもしれませんが、核を持っている9カ国（米ロ英仏中、インド、パキスタン、イスラエル、北朝鮮）が核をなくすというのが軍縮なんだろうと僕は思います。

できたら、数を減らすだけではなくてゼロにしてほしい。

そんなことを考えながら今日、テレビを見ていました。

今日おいでになったリーダーは、地球の命を、そこに生きる人々の命を、生きるか死ぬかの運命を握っているのだと思います。だからみんなに戦争に反対してもらいたい。

これから、第3次世界大戦というものが起こってしまったら、双方が全滅するどころか、地球全体がその影響を被って、命をなくしてしまう。
そういうことになりかねない。
だからリーダーの責任は重い。いま、心の底からそう思っております。

解説に代えて

朝日新聞編集委員　副島英樹

被爆地・広島で2023年5月19～21日、主要7カ国首脳会議（G7サミット）が開かれた。広島で勤務する私はこのサミットの直前に、朝日新聞夕刊解説面の「現場へ！」というシリーズで、「原爆被害に国境はない」とのタイトルで5回の連載をした（5月15～19日）。その中で、被爆死した米兵や連合軍兵士の慰霊を今も続ける森重昭・佳代子夫妻と、米軍機が墜落した山口県柳井市伊陸に「伊陸ロンサムレディ号平和記念館」を自費でつくった武永昌徳氏らに取材を重ね、被爆米兵をめぐる平和の営みをたどった。

なぜG7を前に「原爆被害に国境はない」と訴えたかったのか。それは、「私はこの米兵を敵とは考えないで、相手を人間だと見たのです」と語る森重昭氏の言葉に尽きている。まさにウクライナ戦争が泥沼化し、核戦争の危機も叫ばれる中、戦争の悲劇というものは肉親にとっては子々孫々までずっと続くのだという、当たり前の現実を見つめ直してほしいと思ったからだった。それは、森夫妻が常に強調されることだ。

ロシアの侵攻で始まったウクライナ戦争は長期化し、毎日100人単位でロシア側もウクライナ側も人命が失われている。戦争が長引けば長引くほど、戦死者の肉親の数も加速度的に増えていく。これは人種や国籍にかかわらず、人間の悲劇だ。森氏の取り組みは、自国の兵器で殺された米兵捕虜も同じ人間だ、という普遍的な人類的視座に基づいていた。今回のG7サミットは、あらゆる核、あらゆる戦争に反対する、非核・非戦の被爆地・広島で開かれるのだから、ぜひともこの機会に、敵だ味方だといったことではなく、そうした平和の原点とも言える人類的な考え方を、G7首脳も一般の人たちも、見つめ直しませんか――。そんなメッセージを込めた。G7が人権、自由、民主主義を標榜する国々であるのならば、このウクライナ戦争が一刻も早く戦闘が止まるよう、そちらの方向に動いてほしいという願いもあった。その思いは、この本を世に出す今も変わらない。

この本をまとめるにあたり、森氏に改めて確認したことがある。

被爆死した米兵12人のうち、何人の遺骨が本国に戻れたのかということだった。森氏によると、本国に戻ったのが確認できるのはわずか2人。原爆供養塔に入れられたのが確認できるのは1人とのことだった。これが、相生橋で息絶えたアトキンソン軍曹だ。残りの米兵の骨は、日本人犠牲者と一緒に焼かれてそのままになっている可能性が高く、森氏の調べた限りでは、原爆供養塔には入れられていないとのことだった。供養塔に入れられる遺骨は、まだ恵まれているとの森氏の話に、私は原爆の非人道性をいっそう実感しないではいられなかった。

本書の中で胸を打たれるのは、森氏の執念の調査の過程で浮かび上がる庶民の肉声だ。それがまた、戦争がもたらすものを皮膚感覚で教えてくれる。

原爆犠牲者の遺体の焼き場で、「今度生まれてくる時は戦争のない国に生まれてこいよお」と声をあげる女性。死んだ子どもに、せめてトマトを食べさせてあげたかったと悔いる親。原爆供養塔をつくった広島市の助役が、原爆で死んだ娘の名前を海に向かって毎日叫ぶ姿。生徒を戦場に送り出した先生が、仏壇の前で畳を何十回もたたき、「悪かった。私が言わなかったら君は死ぬことはなかった」と流す涙……。

夫が戦死した家を訪ねた時の、残された妻と森氏とのやりとりはあまりにも切ない。

《奥さんは言いましたよ。「私はそういう連絡受けたとき、便所の中に入って一晩中泣いたんだ」と。そして、その後、私にこう言ったんですよ。「手や足がもがれても、手も足もなくていい。だるまのようになっても帰ってほしかった。生きてほしかった。死んでほしくなかった」。そう言いましたよ、奥さんは》

さらに、本書の中で特筆すべきものは、森夫妻が今年（2023年）3月、米軍の原爆投下目標の相生橋で自国の兵器によって息絶えたアトキンソン軍曹の遺族を広島に招き、追悼法要を実現させたことである。一人の肉親が戦争で死ぬということはどういうことなのか、それを教えてくれる。国と国が敵だったとしても、人は人なのだと。

森氏は言う。《だから今回、僕が苦労してやったことは決して間違ってなかった、やっぱり相手を人間として尊敬してあげてよかったと、そう思いました》

ロンサムレディー号の機長だったカートライト氏は、広島で捕虜になった後、尋問のため東京に送られていたため被爆を免れた。森氏はカートライト氏の遺影を常に手放さず、彼の生前の言葉を今も大切にしている。《戦争は破壊と憎しみの連鎖を、平和は人々に幸福と繁栄をもたらす》との言葉だ。今こそ、私たちはこの言葉をかみしめたいと思う。

本書の執筆を勧めてくれたのは、朝日新聞出版の編集者、中島美奈氏だった。2022年夏、私は「核に脅かされる世界に　被爆国から2022」のシリーズで、紙面とデジタルで森重昭氏のインタビューを掲載した。できるだけ森氏の語り口を生かして書こうと試みた記事だった。それを読んでくれた中島氏が、この森氏の語りを最大限に生かして書籍化できないかを打診してくれていた。それが本書につながった。訳書『ミハイル・ゴルバチョフ　変わりゆく世界の中で』、著書『ウクライナ戦争は問いかける　NATO東方拡大・核・広島』に続いてお世話になったことに、心より感謝申し上げたい。また、G7サミットの前に広島からの発信をと、夕刊連載「現場へ！」での執筆機会を提供してくださったオピニオン編集部デスクの大海英史氏（現・静岡総局）にも感謝の念は尽きない。

そして何より、長時間にわたる取材に応じてくださった森夫妻に、敬意と感謝の言葉をお贈りしたい。一人でも多くの人が、ご夫妻の思いに触れてくださることを願っている。

付録

バラク・オバマ米大統領による演説（２０１６年５月27日、広島市の平和記念公園）

71年前、明るく、雲一つない晴れ渡った朝、死が空から降り、世界が変わってしまいました。閃光《せんこう》と炎の壁が都市を破壊し、人類が自らを破滅させる手段を手にしたことを示したのです。

なぜ私たちはここ、広島を訪れるのか。私たちはそう遠くない過去に解き放たれた恐ろしい力についてじっくり考えるために訪れるのです。10万人を超す日本人の男女そして子どもたち、何千人もの朝鮮人、十数人の米国人捕虜を含む死者を悼むために訪れるのです。彼らの魂が私たちに語りかけます。私たちに内省し、私たちが何者なのか、これからどのような存在になりえるのかをよく考えるように求めているのです。

広島を際立たせるのは戦争の事実ではありません。暴力を伴う紛争は太古の昔からあったことが古代の遺物からわかります。火打ち石から刃を作り、木からやりを作ることを学んだ私たちの祖先は、これらの道具を狩猟だけでなく、人間に対しても使ったのです。食糧不足、富への渇望、国家主義的な熱烈な思いや宗教的熱情に突き動かされ、世界のどの大陸でも文明の歴史は戦争にあふれています。いくつもの帝国の興亡があり、人々は服従を強いられたり、解放されたりしました。それぞれの時期に罪なき人たちが犠牲になり、その名は時がたつにつれて忘れられていきました。

広島と長崎で残酷な終結を迎えることになった世界大戦は、最も豊かで、最も力の強い国々の間で戦われました。それらの国の文明は世界に偉大な都市や素晴らしい芸術をもたらしました。思想家たちは正義や調和、真実に関する考えを生み出してきました。しかし戦争は、最も単純な部族間の紛争の原因となった、支配や征服をしたいという本能と同じ本能から生まれてきたのです。新たな能力によってその古いパターンが増幅され、それに対する新たな制約もないのです。

数年の間で6千万人もの人たちが亡くなりました。男性、女性、子ども、私たちと何ら変わりのない人たちが、撃たれ、殴られ、行進させられ、爆撃され、投獄され、飢えやガス室で死んだのです。この戦争を記録する場所が世界に数多くあります。勇気や英雄主義の物語を語る記念碑、筆舌に尽くしがたい悪行を思い起こさせる墓地や無人の収容所です。

しかし、この空に立ち上ったキノコ雲のイメージのなかで最も、私たちは人間性の中にある根本的な矛盾を突きつけられます。私たちを人類たらしめている力、つまり私たちの考えや想像力、言語、道具をつくる能力、自然を自らと区別して自らの意思のために変化させる能力といったものこそが、とてつもない破壊能力を私たち自身にもたらすのです。

物質的な進歩または社会的革新によって、私たちは何度この真実が見えなくなるのでしょうか。どれだけたやすく、私たちは何かより高い大義の名の下に暴力を正当化してきたでしょうか。あらゆる偉大な宗教が愛、平和、公正への道を約束しています。しかし、いかなる宗教も信仰が殺戮《さつりく》の許可証だと主張する信者から免れていません。

国家は人々を犠牲と協力で結びつける物語を伝え、顕著な業績を可能にしながら台頭します。しかし、それらの同じ物語は、幾度となく異なる人々を抑圧し、その人間性を奪うために使われてきました。

科学によって、私たちは海を越えて通信を行い、雲の上を飛び、病を治し、宇宙を理解することができるようになりました。しかし、これらの同じ発見は、これまで以上に効率的な殺戮の道具に転用することができるのです。

現代の戦争は、私たちにこの真実を教えてくれます。広島がこの真実を教えてくれます。科学技術の進歩は、人間社会に同等の進歩が伴わなければ、人類を破滅させる可能性があります。原子の分裂を可能にした科学の革命には、道徳上の革命も求められます。

だからこそ、私たちはこの場所を訪れるのです。私たちはここに、この街の中心に立ち、原子爆弾が投下された瞬間を想像しようと努めます。目にしたものに混乱した子どもたちの恐怖を感じようとします。私たちは、声なき叫びに耳を傾けます。私たちは、あの恐ろしい戦争で、それ以前に起きた戦争で、そしてそれ以後の戦争で殺されたすべての罪なき人々を思い起こします。

単なる言葉だけでは、こうした苦しみに声を与えることはできません。しかし私たちは、歴史を直視し、こうした苦しみの再発を防ぐためにどうやり方を変えるべきなのかを問う責任を共有しています。いつか、証言するヒバクシャ（被爆者）の声が聞けなくなる日がくるでしょう。しかし、1945年8月6日の朝の記憶を薄れさせてはなりません。その記憶は、私たちが自己満足と戦うことを可能にします。それは私たちの道徳的な想像力を刺激し、変化を可能にします。

あの運命の日以来、私たちは希望をもたらす選択をしてきました。米国と日本は同盟だけでなく、私たちの市民に戦争を通じて得られるよりも、はるかに多くのものをもたらす友情を築きました。欧州諸国は、戦場を通商と民主主義の絆に置き換える連合を築きました。抑圧された人々と国々は解放を勝ち取りました。国際社会は戦争を回避し、核兵器の存在を制限し、縮小し、最終的には廃絶するために機能する組織と条約をつくりました。

それでもなお、世界で目の当たりにする国家間のあらゆる攻撃的行動、あらゆるテロ、腐敗、残虐性、抑圧は、私たちの仕事に終わりがないことを物語っています。

私たちは、人間の悪をなす能力をなくすことはできないかもしれません。だからこそ、国家や私たちが作り上げた同盟は、自衛の手段を持たなければなりません。しかし、私の国のように核を保有する国々は、恐怖の論理にとらわれず、核兵器なき世界を追求する勇気を持たなければなりません。

私の生きている間に、この目標は実現できないかもしれません。しかし、たゆまぬ努力によって、大惨事が起きる可能性は減らすことができます。私たちは核の根絶につながる道筋を示すことができます。私たちは、ほかの国への核拡散を止め、狂信者たちから死をもたらす（核）物質を遠ざけることができます。

しかし、それでもまだ十分ではありません。なぜなら、粗製のライフルや樽《たる》爆弾でさえ、どれだけ恐ろしい規模の暴力を起こせるのか、私たちは世界で目の当たりにしているからです。私たちは戦争そのものへの考え方を変えなければいけません。それによって、外交を通じて紛争を防ぎ、すでに始まった紛争を終わらせる努力をしなければなりません。相互依存の高まりが、暴力的な競争の原因になるのではなく、平和的な協力を生むものだと考えるのです。そして、私たちの国家を、破壊能力によってではなく、何を築き上げるかで定義づけるのです。

そして、おそらく何にもまして、私たちは一つの人類の仲間として、互いの関係を考え直さなければいけません。なぜなら、そのことも人類を比類なき種にしているからです。私たちは遺伝情報によって、過去の間違いを繰り返す運命を定められているわけではありません。私たちは学び、選ぶことができます。人類が共通の存在であることを描き、戦争をより遠いものにし、残虐な行為は受け入れられがたいような、異なる物語を私たちは子どもたちに伝えることができます。

私たちはこうした物語を、ヒバクシャの中にみることができます。原爆を投下した爆撃機のパイロットを許した女性がいます。なぜなら、彼女は本当に憎いのは戦争そのものだと分かったからです。**この地で殺された米国人たちの家族を捜し出した男性がいました。なぜなら、この男性は、彼らの喪失は自分たちの喪失と等しいと信じていたからです。**

私の国の物語はシンプルな言葉から始まりました。「すべての人は等しくつくられ、生命、自由、幸福追求を含む、奪われることのない権利を創造者から授けられた」。そうした理想を実現するのは、たとえ私たちの国内であっても、国民同士であっても、決して簡単なことではありませんでした。しかし、その物語へ忠実であり続けることは、努力に値することです。大陸を越え、海を越えて追い求められるべき理想なのです。すべての人の減らすことのできない価値。すべての命は尊いという主張。私たちはたった一つの人類の一員なのだという根本的で欠かせない考え。これらが、私たち全員が伝えていかなければならない物語なのです。

それが、私たちが広島を訪れる理由です。私たちが愛する人のことを考えるためです。朝起きて最初に見る私たちの子どもたちの笑顔や、食卓越しの伴侶からの優しい触れあい、親からの心安らぐ抱擁のことを考えるためです。私たちはそうしたことを思い浮かべ、71年前、同じ大切な時間がここにあったということを知ることができるのです。亡くなった人たちは、私たちと変わらないのです。

普通の人たちは、このことを分かっていると私は思います。普通の人はもう戦争を望んでいません。科学の驚異は人の生活を奪うのでなく、向上させることを目的にしてもらいたいと思っています。国家や指導者が選択をするにあたり、このシンプルな良識を反映させる時、広島の教訓は生かされるのです。

世界はこの地で、永遠に変わってしまいました。しかし今日、この街の子どもたちは平和に暮らしています。なんて尊いことでしょうか。それは守る価値があり、すべての子どもたちに与える価値のあるものです。それは私たちが選ぶことのできる未来です。広島と長崎が「核戦争の夜明け」ではなく、私たちが道徳的に目覚めることの始まりとして知られるような未来なのです。

（全文＝日本語訳は朝日新聞。文中、太字の箇所は森重昭氏のことを指す）

森 重昭（もり・しげあき）

1937年、広島市生まれ。

中国憲兵隊司令部そばの済美国民学校に入学。8歳のとき、広島市の己斐町で被爆。一命を取り留める。中央大学卒業後、山一證券、日本楽器製造（現在のヤマハ）に勤務しながら、警防団が己斐国民学校で２万人の遺体を焼いたという証言の真否を確かめるため、被爆調査を開始。のべ1000人以上に聞き取り調査をした結果、米兵捕虜12人の被爆死を知る。2016年5月27日、現職米大統領として初めて広島を訪れたバラク・オバマ大統領の原爆慰霊碑への献花の式典に招待され、オバマ氏と抱擁する映像が世界中に配信された。

菊池寛賞（2016年）、日本記者クラブ特別賞受賞（2017年）。

著書に『原爆で死んだ米兵秘史 ヒロシマ被爆捕虜12人の運命』（光人社NF文庫）、訳書に『爆撃機ロンサムレディー号』（トーマス・カートライト著、森重昭、福林徹、ポール・S・サトー共訳、NHK出版）がある。

森 佳代子（もり・かよこ）
1942年生まれ。
3歳のとき、爆心地から4・1キロの草津浜町（現・広島市西区）の自宅で被爆。ノートルダム清心中学校・高等学校からエリザベト音楽大学声楽科に進学。卒業後、岡山の清心学園へ赴任。長年にわたり音楽教諭や教会聖歌隊の指導を務め、原爆犠牲者のためのスピリチュアルコンサートの開催にも携わってきた。被爆者だった父・増村明一（めいいち）氏は広島市議として被爆者援護の充実に尽力した。

副島英樹（そえじま・ひでき）
朝日新聞編集委員。1986年4月、朝日新聞入社。広島支局、大阪社会部などを経て、1999年4月～2001年8月にモスクワ特派員、2008年9月～2013年3月にモスクワ支局長を務め、米ロの核軍縮交渉の取材なども担当した。核と人類取材センター事務局長、広島総局長など歴任。2019年12月にゴルバチョフ元ソ連大統領と単独会見した。
著書に『ウクライナ戦争は問いかける――NATO東方拡大・核・広島』、訳書に『ミハイル・ゴルバチョフ 変わりゆく世界の中で』（ともに朝日新聞出版）、『我が人生――ミハイル・ゴルバチョフ自伝』（東京堂出版）、共著に『ヒロシマに来た大統領――「核の現実」とオバマの理想』（筑摩書房）など。

原爆《げんばく》の悲劇《ひげき》に国境《こっきょう》はない
被爆者《ひばくしゃ》・森《もり》 重昭《しげあき》 調査《ちょうさ》と慰霊《いれい》の半生《はんせい》

2023年8月30日　第1刷発行

語り　森　重昭、森　佳代子
編者　副島英樹
発行者　宇都宮健太朗
発行所　朝日新聞出版
〒104-8011 東京都中央区築地5-3-2
電話 03-5541-8832（編集）
03-5540-7793（販売）
印刷製本　広研印刷株式会社

Published in Japan by Asahi Shimbun Publications Inc.
ISBN978-4-02-251927-6
定価はカバーに表示してあります。
落丁・乱丁の場合は弊社業務部（電話03-5540-7800）へご連絡ください。
送料弊社負担にてお取り替えいたします。